职业院校公共素质教育系列规划教材
“以先进企业文化为导向的职业院校职业素养课程开发研究”课题成果

中外经典美文读本

（第二册）

ZhongWai JingDian MeiWen DuBen

主　编／魏全斌
副主编／向　庆　张　博　孟华锋　罗梓文　韩　佳
参　编／李　智　何　伟　彭小平　敬光钱

京师职教
www.zjfs.com | www.bnup.com
北京师范大学出版集团
BEIJING NORMAL UNIVERSITY PUBLISHING GROUP
北京师范大学出版社

图书在版编目(CIP)数据

中外经典美文读本. 第2册/魏全斌主编. —北京：北京师范大学出版社，2015. 12（2019.7重印）

(全国职业院校航空服务专业“十二五”规划教材)

ISBN 978-7-303-19919-8

Ⅰ. ①中… Ⅱ. ①魏… Ⅲ. ①阅读课－中等专业学校－教材
Ⅳ. ①G634. 331

中国版本图书馆CIP数据核字（2015）第290524号

营销中心电话 010－58802181 58802123
北师大出版社高等教育分社网 http://gaojiao.bnup.com
电子信箱 gaojiao@bnupg.com

出版发行：北京师范大学出版社 www.bnupg.com
北京市海淀区新街口外大街19号
邮政编码：100875

印　　刷：大厂回族自治县正兴印务有限公司
经　　销：全国新华书店
开　　本：787 mm×1092 mm 1/16
印　　张：13. 25
字　　数：280千字
版　　次：2015年12月第1版
印　　次：2019年7月第5次印刷
定　　价：32. 00元

策划编辑：庞海龙 姚贵平　　责任编辑：庞海龙
美术编辑：高 霞　　装帧设计：楠 竹
责任校对：陈 民　　责任印制：陈 涛

前言

《国家中长期教育改革和发展规划纲要（2010—2020年）》明确提出：中等职业教育与高等职业教育协调发展，构建现代职业教育体系，增强职业教育支撑产业发展的能力。职业教育为社会、经济和人的发展服务是职业教育理论工作者与实践工作者的共识。

要培养高素质的职业教育人才，离不开高质量的学校，离不开高水平的教师，更离不开理念先进、内容丰富、形式新颖的精品教育教材！为此，我们组织全国行业职业教育教学指导委员会、全国中等职业教育教学改革创新指导委员会、职业教育教学研究机构的专家群策群力编写了本套教材。

本教材由职业教育专家魏全斌担任主编，由向庆、张博、孟华锋、罗梓文、韩佳担任副主编。其中第一章由张博和李智编写，第二章由罗梓文编写，第三章由向庆和何伟编写，第四章由彭小平、孟华锋、罗梓文编写，第五章由韩佳编写，第六章由孟华锋和敬光钱编写。

本册为《中外经典美文读本》（第二册），内容分为“友情篇”“社交篇”“职场篇”“爱情篇”“旅游篇”“审美鉴赏篇”六大篇章，每篇章由三至四小节组成，全部节选具有代表意义的经典故事、经典美文、经典电影、经典歌曲、经典旅游胜地、经典艺术作品，以“原文”“含英咀华”“泛舟经典”“经典心语”“知识徜徉”“温馨提示”等栏目形式展现经典作品折射出的人生道理。用学生的语言，以对话或者讲故事的方式把“经典”讲解为最简单的道理，便于学生理解。

在编写教材的过程中，我们参阅了大量相关论著与资料，引用了一些最新的研究成果，但由于时间较紧、联系方式不准确等原因，未能一一取得原成果作者的同意，敬请原成果作者谅解并与我们取得联系，我们将奉寄稿酬和样书，并在重版时根据原成果作者要求进行相应的调整。

由于经验和水平所限，本教材难免还有不尽如人意之处，恳请广大读者提出宝贵意见，以便我们修订加以完善。

编者

2015年7月

目录

第一章

友情篇：相知无远近，万里尚为邻

人海茫茫，相识是一种缘，在友谊面前，人与人之间，犹如星与星之间，不是彼此妨碍，而是互相照耀。友谊是最圣洁的灵物，它既会在同性中生根发芽，也会在异性中开花结果；人生中有了友谊，就不会感到孤独，日子就会变得丰富多彩。因为友谊是梦的编者，它在人生中绽放亮丽的青春，释放迷人的芬芳。

人海茫茫知音何在？远在天边却近在咫尺，不是一个影，而是一颗心。纵使是记忆沉淀，季节搁浅，友情也会泊成永恒的港湾。

金色的太阳，辐射着友情；银色的月亮，传递着友情。友谊是沉甸甸的稻穗，友谊是郁葱葱的森林。把太阳藏于心胸，让它成为美妙的梦幻；把友谊烙于胸海，让它成为甜蜜的思绪。真挚的友谊，并不需要时时刻刻地相聚，只要永不相忘。一路上有朋友，陪我们欢喜陪我们忧，这份真挚的友谊，值得一辈子珍惜。

本篇章就友谊分为“信任”“知己”“坚定”三小节，从名篇中去感悟一个道理：朋友，是任何东西都代替不了的。那些一起走过的温暖的记忆，不再遥不可及，流过的点点滴滴，不断回旋在彼此心底，留住自然的默契，也留住牵系。

第一节 信任——感悟中让友情拥有温度

原文

人在落魄时才知道谁的手最暖

不知不觉中，有多少人已经离开；无声无息里，又有多少人会一直在。再好的朋友，缺少联系也会淡；再深的感情，不懂珍惜也会断。谁能遥遥无期地等，只怕等凉了心；谁能无怨无悔地盼，只怕盼来了泪。少了一个名字，就是少了一个身影；远了一颗心灵，就是远了一份感情。朋友，不是需要时才去找；感情，不是错过后才明白对方的好。

缘分里有多少形影不离，最后若即若离；朋友中有多少无话不说，最终无话可说。距离不是难题，心的距离才是利器；时间铁面无私，看清谁是故意假装，谁能同舟共济。真正在乎你的人，会在你最无助的时候，甘愿充当温暖你的空气；心里有你的人，会为你默默付出，但很少让你知道其背后的牺牲。这个世上最该珍惜的是，一直能陪在你身边的人。

世界上最贵的不是金钱，而是时间；最美的不是风景，而是感情。每个人的时间都有限，能够随时陪着你的人很少；每颗心的容纳都很小，愿意放你在心上的人不多。何必去求钱财无数，只要有人时刻守护；何必去找感觉更好，只要有人相伴到老。把时间都给了你，才是最爱你的人；心里面都是你，才是最在乎你的情。时间，金钱买不到；感情，利益换不来。

朋友就算再好，总会有一段时间互不理睬、互不关心。不是因为厌烦了，也不是喜新厌旧，只是因为大家都忙于生计。真正的朋友是冷漠一段时间后，还依然在你的身边关心你，和你一起打闹一起吵架，许久不见后再相聚也不会尴尬，还是有说不完的话题，讲不完的心事。其实，朋友就是这样，无须想起，因为从未忘记……

时间，带不走真正的朋友；岁月，留不住虚幻的拥有。时光转换，体会到缘分善变；

平淡无语，感受了人情冷暖。有心的人，不管你在与不在，都会惦念；无心的情，无论你好与不好，只是漠然。走过一段路，总能有一次领悟；经历一些事，才能看清一些人。真正的朋友，无须想起，因为从未忘记；不离不弃的，才是真朋友；不见不散的，才是真守候。

人在落魄时，才知道谁的手最暖；情在吵架时，才明白谁的心最软。一个只懂流血却为你流了泪的人，是肝胆相照的朋友；一个只知流泪却为你流了血的人，是相濡以沫的爱人。真正的朋友，不是得意时有多少人追捧，而是在失意时愿意无求地帮助；真正的感情，不是海枯石烂的甜言蜜语，而是在穷困潦倒时愿随你颠沛流离。很多时候，人在最深的绝望里，能看到的往往是最美的风景！

得意时，朋友认识了你；落难时，你认识了朋友。只有在落魄时才懂，愿拉你一把的人何其少。只有在最穷时才懂，再好的感情也难敌现实，人不贪钱却都怕吃苦。只有在漫长生活里才懂，人人能爱你却少人愿忍你。所以，这世上最要珍惜的是这三种人：雪中送炭的朋友、愿陪你走过贫苦的女人、样样都忍你的人！

真正的朋友就是离别时，满不在乎，相互鼓励说，告诉对方一定会怎样，然而分开后却无限思念对方；真正的朋友就是在你困难的时候帮助你，却不需要回报的那个人；真正的朋友永远不会让你掉眼泪！你难受时，他也难受，你开心的时候他也开心，他就是第二个你，在他身上你能看到自己的缩影！简单地说，我认为真正的朋友就是能够彼此欣赏、彼此真诚、彼此信任、彼此理解以及彼此的宽容！永远都想把他当成自己的那个人！真正的朋友其实每个人心里都有自己的定义，但最重要的却是无论是否引起误会却都能真心为你着想的人……

真正的朋友，心有灵犀，无关酒肉，无关利益，无关高低，无关贵贱，没有时空阻隔，是心灵的默契，是性情的相投，是灵魂的依附，是心心的通融。真正的朋友，相知相识、相交相接，一如日月之行，无论风云变幻，终不减其辉映。真正的朋友，无须相从过密，不用推杯换盏，没有繁文缛节，没有利益交换，彼此之间无欲无求，心照不宣。真正的朋友，一杯清水，一句口信，甚至一个念头，便可身心相托。真正的朋友，是美好人格的际遇，如花开一般自然，如晨露接纳朝阳一般磊落。真正的朋友，相知如镜，相敬如宾！真正的朋友，贵精而不贵多，贵诚而不贵诈。真正的朋友，是一种高尚的人格魅力的感召，是两个灵魂同时飘香的体现，是灵魂的芬芳！真正的朋友，是君子之交淡如水，平平淡淡才是真。

真正的朋友就是互相信任，互相尊重，无话不说，在关键时候能义无反顾地帮助你的人；真正的朋友就是对朋友敢说不，有什么说什么，不能把对朋友的善意提醒当成对

自己有看法；真正的朋友就得肝胆相照，在朋友无助时，能伸出无私的手；真正的朋友就是要相互多为对方考虑，不能光顾自己，不想朋友；真正的朋友是可以帮你认清自己的缺点和优点；真正的朋友是当你落魄时仍然对你如以往，当你辉煌时不改初衷；真正的朋友是你伤心时能陪你哭，当你笑时会为你开心。

真正的朋友，是可以心换心的，每当你烦恼时他会站出来帮你分担。真正的朋友，是不会抛弃你的，更不会出卖你陷害你的。真正的朋友，是你自己努力争取得来的，而不是随便交来的。真正的朋友，是能与你“有福共享有难同当”之人，不为一己之私出卖你，处处还要为你着想的人。真正的朋友，是在你悲伤无助的时候，给你安慰与关怀；在你失望彷徨的时候，给你信心与力量；在你成功欢乐的时候，分享你的胜利和喜悦。在人生旅途上，尽管有坎坷、有崎岖，但有真正的朋友在，就能给你鼓励、给你关怀，并且帮你度过最艰难的岁月。真正的朋友，无须想起，因为从未忘记。

含英咀华

友谊如清风，吹散你心头的愁云；友谊似甘泉，滋润你干涸的心田；友谊更像一座灯塔，照亮你行进的航向。真正的友谊，不需要甜言蜜语，不需要利益交换。真正的友谊，需要的是相互理解、相互信任、相互衬托。只有这样，友谊才能化为一条美丽的彩虹，丰富你多彩的人生。

不论是多情的诗句，漂亮的文章，还是闲暇的欢乐，什么都不能代替亲密的友情。如果说友谊是一棵常青树，那么，浇灌它的必定是出自心田的清泉；如果说友谊是一朵开不败的鲜花，那么，照耀它的必定是从心中升起的太阳。

真正的朋友，在你出丑的时候，他不会嘲笑你，在你有难的时候，他不会冷眼看你的哈哈笑。真正的朋友，在你优秀的时候，他不会嫉妒你，在你把秘密告诉他时，他不会破坏你。真正的朋友，只比爱人差一步，只比父母低一级。真正的朋友，在你处于困难中听你诉说的时候，他不会只当成是别人的事就当听了笑话。真正的朋友，更不会出言相骂，因为朋友之间是相互尊重的。

泛舟经典

毕加索和理发师的故事

西班牙著名画家毕加索逝世后，有关他的传记和回忆录的书层出不穷，不少书说他专横、爱财、自私，甚至把他描写成“魔鬼”“虐待狂”。然而，巴黎毕加索博物馆最近展出了理发师厄热尼奥·阿里亚斯的一些私人资料，呈现给观众的却是另外一个毕加索。这位 95 岁的老人与毕加索的友谊持续了 30 年，他至今珍藏着对这位大师的美好回忆。

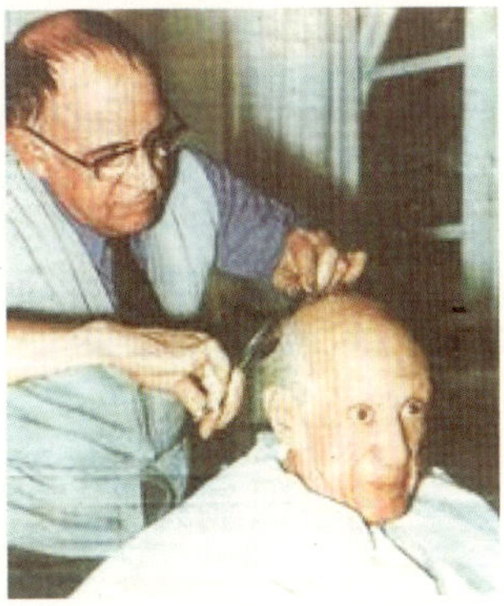

1945 年的一天，一辆白色的小轿车突然在法国南部城市瓦洛里的一家理发店门口停下。有人摇下车窗探出脑袋叫了一声：“阿里亚斯，我们来了！”这人正是毕加索，小城弗雷儒斯有斗牛比赛，毕加索邀请理发师一同去看。阿里亚斯打发走最后一名顾客，匆匆坐上汽车。

阿里亚斯 1909 年出生在距离西班牙马德里不远的布伊特拉戈村，在弗朗哥专制时期他逃到法国瓦洛里，靠理发为生。在那里，他与毕加索交上了朋友。毕加索比他大 28 岁，他视毕加索为“第二父亲”。

阿里亚斯是画家名誉的坚定捍卫者，谁说毕加索的坏话他就跟谁急。阿里亚斯回忆说，毕加索来店里理发，其他顾客都起身对他说：“大师，您先理。”但毕加索从来不愿享受这种特殊待遇。他认为毕加索非常慷慨。有一次，当他听到有人说毕加索是“吝啬鬼”时，他怒不可遏，立即反驳说：“对一个你并不熟悉的故人进行这种攻击是幼稚和卑鄙的，毕加索一生都在奉献和给予。”随后，阿里亚斯举了例子。“毕加索的大型油画《战争与和平》是为瓦洛里的小教堂创作的，他还捐献了一件雕塑作品，是他为我们的城市添了生机。”阿里亚斯说，毕加索一共送给他 50 多幅作品，其中包括一幅毕加索妻子雅克琳的肖像画。理发师将这些画都捐给了西班牙政府，并在家乡布伊特拉戈建了一个博物馆。博物馆中还陈列了一个放理发工具的盒子，上面有毕加索烙的一幅《斗牛图》和“赠给我的朋友阿里亚斯”的亲笔题词。一位日本收藏家曾想购买这个盒子，他给了阿里亚斯一张空白银行支票，说数目他随便填。可收藏家没想到，他竟遭到了理发师的拒绝。阿里亚斯说："不论你用多少钱，都无法买走我对毕加索的友情和尊敬。"

毕加索一生从没给自己作过画。1973年4月7日，92岁的毕加索在雅克琳的陪同下，走到大厅的镜子前，说："明天，我开始画我自己。"谁也没有想到，第二天他就与世长辞了。阿里亚斯听到毕加索去世的消息，禁不住失声痛哭。

经典心语

忘年交通常是指岁数、辈分有差距，但友情很深厚，思想相似的朋友。多指老人和年轻人之间的友情。毕加索和理发师的故事让我们知道了，在我们一生的流年里，淡暖生香！岁月因有朋友的相伴而温暖，时光因有朋友的懂得而静好！浅浅心音，静静诉说。剪一抹琉璃时光，种在与朋友初识的渡口。期许，来年依旧静好，安然。虽然有年龄的鸿沟，但依旧是不离不弃的好朋友。友谊本身的价值就是互相之间不同的个性、风格、爱好、兴趣。有了这些的不同，我们就可以互相欣赏、互相观望，享受友谊带给我们的温暖和热度。轻盈的春风、高大的灌木、纤细的绿草之间看似并不相似，但风的吹动使草木相依，上下相拂。这就是世间的信任给了我们人类至情的媒介和支撑。

知识徜徉

海内存知己，天涯若比邻。

——（唐）王勃

同是天涯沦落人，相逢何必曾相识。

——（唐）白居易

桃花潭水深千尺，不及汪伦送我情。

——（唐）李白

莫愁前路无知己，天下谁人不识君。

——（唐）高适

天下快意之事莫若友，快友之事莫若谈。

——（清）蒲松龄

人之相识，贵在相知，人之相知，贵在知心。

——（战国）孟子

君子之交淡若水，小人之交甘若醴。

——（战国）庄子

近朱者赤，近墨者黑。

——（西晋）傅玄

人生贵相知，何用金与钱。

——（唐）李白

原文

回忆里的那个人

每一个人的生命里都会有那么一个人，他并不是你炙热的初恋，也不是与你度过余生的伴侣，可在你心中的某个角落里，始终有他最真实的存在。

很多时候，我们都无法掌控自己的命运，很多时候，并不是努力就能心想事成，有些人，并不是出现了就会永远停留。当时间让我明白了错过终究成了一生的过错时，我微笑着哭了。如果当时的年少无知会让我如此遗憾，我想时光倒流，在岁月里静静地眺望你。都说好了伤疤忘了痛，可我的伤疤好了，疼痛却依然存在。青春就像一个染色板，有时五彩缤纷，有时苍白空虚，有时灰如尘土，我也曾不止一次想要忘记那些回忆，想要走上新的道路，想要路过新的风景，可是每一次都需要偌大的勇气。

时间的齿轮不停地运转着，一分一秒地勾勒出了年华的轮廓，好像沉睡了很久很久的记忆被突然惊醒般，曾经说好的再见，多少人擦过肩，却成了擦不掉的想念。从最初的相遇相知，我们用生命演绎着这场戏，那时的我们脸上写满了认真，也从未有过畏惧，无论友情还是爱情，我们都曾真挚地追求过，有失落，有欢乐。我不知道在你的生命里我是否认真地存在过，可我生命最美丽的风景就是遇见你，在我失望的时候，有你的鼓励；在我难过的时候，有你的安慰；在我累了的时候，你的肩膀是我最大的依靠。我不知道你是以怎样的形式出现在我的生命里，我只知道从你闯入我生活的那一刻起，我的记忆里有了抹不掉的珍贵。

我记得你曾对我说过，也许有一天，我们会让生活折磨得麻木不仁，但当我们走过了欢笑、泪水、孤独和彷徨之后，便会发现：还有这样一份永恒的感情，叫我们明白，

想念是幸福的。这一生，我固执地以自己的方式存在着，并渴望与自己同行的人，也按照这种方式来演绎生活的节奏。我也曾任性地以为，那些身边的关心是理所当然的。是啊，这一生，又有谁会没有任何理由地理所当然地对一个人好呢？可即便如此，我们还是没有好好地珍惜，直到一切远逝的时候，恍惚中发现一切都已无力挽回，我们只能眼睁睁地看着，用最初的姿态目送着。

当有一天，我翻开抽屉泛黄的日记，在回首那段时光时，我终于明白，自始至终，我们都只是太过倔强，倔强得不曾给过彼此一个机会，一个解释的机会，一个道别的机会。如今，我们都以最独特的方式存在于彼此的生命中，一如既往地问候，只是少了最初的亲切，或许是值得庆幸的吧，至少不是形同陌路。有时我也会想，是这讨厌的岁月带走了我们的童真时代，可我们都明白，过去的永远过去了，只是我们贪婪地想要抓住它。

在有限的生命里，我们遇到的人不计其数，但是能让我们念念不忘的，终究还是太少，更何况是一生的守候。然而，在这有限的生命里，我们还是错过了太多的精彩与不精彩。

有没有在某一个瞬间，在你抬头微笑的那一刻，你的脑海中会浮现一个人，用最肯定的眼神看着你，用最温暖的笑容问候你，用最清晰的过往陪伴你，如果有，那么，请放下你的骄傲和倔强，好好珍惜，不要让错误演变为一生的悲哀。

记忆更迭，谁苍白了谁的回忆，谁无悔着谁的执著？回忆里的那个人，感谢你以不一样的姿态，和我注视着同一个地方。

含英咀华

朋友指志同道合的人，后泛指交谊深厚的人。人在工作和生活中是离不开朋友帮衬的，但朋友之间如何相处着实值得探究，古人云：“君子之交淡如水。”的确如此，有时你遇到难事时，往往一些并没有深交的人可以为你指点迷津、尽心尽力，甚至可能帮你改变命运。朋友就像是水中的鱼，深水层和浅水层的鱼永远也不会走在一起；穷和富，官和民，草根和显贵都不可能成为真正的朋友，因为各自对人生的感悟不同，最关键是他们对待世界和自然的心不同。即使是富和富，官和官，显贵和显贵也不会成为真正的朋友。真正的友谊不光是一起看星星，也不是嬉笑打闹和相互陪伴，真正的友谊是一个人迷茫时想到了对方，而对方又为自己指明了方向，这就是友谊。两个人要在一起经历了许多事情之后才会发现的。茫茫人海可以找到一个知心的人，这是多么大的福气，或许没有你想象那么好，应该也不会糟糕到哪里，所以要知福惜福好好珍惜。

泛舟经典

词中友谊久

王定国歌儿曰柔奴，姓宇文氏，眉目娟丽，善应对，家世住京师。定国南迁归，余问柔：“广南风土，应是不好？”柔对曰：“此心安处，便是吾乡。”因为缀词云：

常羡人间琢玉郎，天应乞与点酥娘。
自作清歌传皓齿，风起，雪飞炎海变清凉。
万里归来年愈少，微笑，笑时犹带岭梅香。
试问岭南应不好，却道，此心安处是吾乡。

乌台诗案，差点要了苏轼为首的一干文人的命。幸而太祖留下遗训刑不上士大夫，但贬官发配只是处以极刑缓和的说法。苏轼想来也是个不安分的人，文人干预政治，真是百无一用。自己被贬官不说，还连累了朋友王定国，也就是王巩。其实当年受牵连的都不是等闲之辈，上有驸马王诜，他是印苏东坡诗集的人。而这个王巩，也是宰相王旦之子，王旦是谁，就是那个宰相肚里能撑船的人。他的任期在宋真宗位上，暂且不表，回到王定国。这分明是权力斗争的产物，王巩也被发配到岭南，据说是滨州。他的歌姬，叫柔奴，外表柔弱但却有红拂之风，毅然同往。这么一年半载过去了，王巩携家眷北归了。遇到了苏轼，看来古人真的很有气度，就算朋友你牵连我被发配到毒雾瘴氛之地，但我的歌姬还要为你劝酒。

苏轼没见柔奴也有许久了，仔细瞧，却越发出挑。他半玩笑半心疼地问：在南边，

生活应该不容易吧？没承望，美人朱唇轻启，她的微笑犹如南方绽开的梅花：只要心安，便是家乡。

苏轼心赞心动，所以有了这一阕《定风波》。世人见了，甚爱，又是一个关于友情的故事。

经典心语

苏轼是多情的，对世人他都有一双温暖的眼睛。近朱者赤，近墨者黑，柔奴是苏轼黑暗中的曙光，引领他脱离孤独。柔奴发掘苏轼心中被埋没的那一颗沧海遗珠，给予养分，欣赏长处，知己知彼，将心比心。朋友是要用关心去润泽，用勉励去雕琢，用沟通去维系。友情如生普洱，在一定的条件下，愈陈愈醇厚。相逢原是千万次的擦肩错过，相识却是某一次相逢的延续和沉淀。知己是相识的黏合和发酵。苏轼的情也就是世间你我的情，不同的是，我们罩了一层面纱和浓妆。彩云追月，是诗人至情的表达；凭栏待归，是情人温润的诉说。没有面纱和浓妆的心灵，才能获得灵魂的回归和抚摸。知己，是翻山越岭的等待。

知识徜徉

以权利合者，权利尽而交疏。

——《史记》

君子以文会友，以友辅仁。

——（春秋战国）曾子

万两黄金容易得，知心一个也难求。

——（清）曹雪芹

换我心，为你心，始知相忆深。

——（宋）顾夏

钟子期死，伯牙终身不复鼓琴。

——《汉书》

山河不足重，重在遇知已。

——（唐）鲍溶

大丈夫处世处，当交四海英雄。

——《三国志·蜀书·刘巴传》

君子上交不谄，下交不渎。

——《周易》

若知四海皆兄弟，何处相逢非故人。

——（宋）陈刚中

朋友，以义合者。

——（宋）朱熹

衣不如新，人不如故。

——《汉乐府》

同心而共济，始终如一。

——（宋）欧阳修

一死一生，乃知交情。一贫一富，乃知交态。一贵一贱，交情乃见。

——《史记》

未言心相醉，不再接杯酒。

——（晋）陶渊明

人生交契无老少，论交何必先同调。

——（唐）杜甫

友谊永远是美德的辅佐，不是罪恶的助手。

——（罗马）西塞罗

愚蠢的朋友比明智的敌人更糟糕。

——（印度）释迦牟尼

谁若想在厄运时得到援助，就应在平日待人以宽。

——（波斯）萨迪

把友谊归结为利益的人，我以为是把友谊中最宝贵的东西勾销了。

——（罗马）西塞罗

第一节 知己——忠诚不二的内心动力

原文

知音难觅

唐朝诗人崔珏曾作诗曰：“七条弦上五音寒，此艺知音自古难。唯有河南房次律，始终怜得董庭兰。”是啊，相识满天下，知心能几人。

河水轻轻地流淌着，清风慢慢地在面颊前吹过。风儿，流水，你可知道我的心在撕碎着？我不停地问自己，我认识那么多人，但懂我的，明白我的心的人在哪里？古人有句古话：结交须胜己，似己不如无。因此，交友也要慎交，善交。

今朝有酒今朝醉，却无一人与我饮。喝酒本是人生一大快事，但却找不到红颜知己与我把酒共欢。徘徊在草地上，彳亍在林荫小道中，我感到无比惆怅，无比失落，因为我的知己在哪里我都不知道。对天大吼天不语，望地低吟地不说。仰望天空，白云仿佛在向我诉说着人世间的悲与欢。闭目聆听，垂柳好像在告诉我天与地的和谐统一。花儿凋谢，黄叶飘落，我似乎正在随着大自然的韵律而陶醉着，从中悟出人生的真善美。

踏着时光的脚步，来到这茫茫人间。岁月的尘埃慢慢在眼眸里滑落。手拿一盏明灯，为知己照亮前方；摘一朵荷花，给红颜一份纯净。纵使时光流转，我寻找知己的心依然不改变。皎洁的月光照射在大地上，我纯洁的内心仿佛得到了净化。知己你在哪？我的

出现正在为你准备着，拂一首琴曲，我的乐声正在为你弹奏着。假如我是千里马，我的伯乐又在哪？此时我的心正在澎湃而着急地等待着，等待着。

窗外的雨一直下着，而我的心灵却在孤单中独舞，轻轻踮起脚尖儿释放心底无以表诉的哀伤。人生得一知己足矣，斯世当以同怀视之。人为知己者死，吾为知己者生。飘落窗台的雨啊，你若是来自我内心深处的天空，那就请你轻叩窗棂，坠落在我的掌心，让我知己的温暖抚慰今夜寂寞的思念，了却我内心的伤痛吧！

小轩窗，单凭栏，黯然叹，独落泪。我为你憔悴，为你缱绻，而你是否在为我黯然神伤，在秋风中独自泪流？我在河流的对岸边等你，知己。

时光的复刻中只留下了一个又一个叫做日子的东西，而我身处其中，一路跌跌撞撞、风尘仆仆，已经习惯了自己觅食，飞得高且远，虽然总会觉得伤心劳累，但我有着自由的灵魂。

我最大的幸福就是看着我爱的人一个比一个幸福。闺密，兄弟，朋友，知己。答应我，都要好好的。

与其因为别人看扁你而生气，倒不如努力争口气。争气永远比生气漂亮和聪明。好多事就像雨天打着的伞，你冲进房间就狼狈仓促地把它收起来扔在了一角，那褶皱里仍夹着这夜的雨水。过了很久再撑开，一股发潮的气息扑鼻而来，即使是个晴天，也会令你想起那场遥远的雨。有阴影的地方，必定有光！时光静好，与君语；细水流年，与君同；繁华落尽，与君老。

拼命提升自己。穷而弱往往容易玻璃心，一碰就浑身炸毛生怕自己被忽视。只有经济和精神都独立，才会让你更有底气，也更自信从容。这个世界上，谁都没有错，只是我们有不同的际遇，被迫走上不同的道路。没必要着急，若是注定发生的事，它一定会发生，在合适的时机，和对的人一起，因一个最恰当的理由。

人生最大的烦恼，不是选择，而是不知道自己想得到什么，不知道到了生命的终点，自己想有些什么人在身边。打开心灵的窗子，静看时光旖旎着一曲花开花落。红尘驿站，总会有人来人往，曾经的美好，未曾辜负，落花散尽，风轻云淡。

人之累由心而起，本来无一物，何处惹尘埃。用一种看山是山、看水是水的境界，那生活就会快乐，时光的纸笺上刻下的不都是沧桑，还有岁月沉淀的那份静美。

斟一盏记忆的茶，让往事在杯中荡涤，归去的路口，时光已从指间的缝隙蜕化成惆怅，低眉处，不过是自己素描的那一片影。

一地落红，淡漠了冷暖；一树梅开，缱绻了浮华。你是不是有时也觉得，内心的那个自己，隐藏得好累，藏到快让自己找不到了。这么多年，我一直在学习一件事情，就是不回头，不为自己做过的事情后悔。人生每一步行来，都是需要付出代价的。我得到了我想要的一些，失去了我不想失去的一些。可这世上的芸芸众生，谁又不是这样呢？

一个淡淡的我，简约、浅笑，静谧处念想昔日的想念，欢闹时融入当时的氛围。闲来读读书，看别人的行云流水般雀跃文字；寂寞写写字，画自己从未割舍的惆怅心事。

昨日风景昨日香，一曲寒水江雪凉；天籁之声天籁逝，独倚临窗然小样……

含英咀华

有了知音，你的才情才会有人来赏识；有了知音，你的思想才能引起共鸣；有了知音，你的高贵才会令人钦慕。因为有了知音，才有了你继续创造的灵感；因为有了知音，才有了你思想上的更高境界；因为有了知音，才有了你另一种高贵。真正的朋友，懂得沉默，懂得等待，他知道你想跟他说的话自然会跟他说，他会对你的好适可而止，他知道你好的比坏的多，但永远不会告诉你你有多好，就像他永远不会告诉你他有多爱你一样。时间把人划分成一个又一个圈，只有永远和你站在同一个圈子里的人，才能成为你可以守护一生的朋友。知音是每个人内心寻找的回声，所以我们要用言语交流，用眼神传达，用内心感悟。朋友交往的越久越应该尊重和爱戴。彼此的问候和照顾，都是情感涓涓如水的表达。天高地迥，才知道宇宙无穷无大；悲欣交集，才感悟情感的魅力和深度。

泛舟经典

俞瑞，字伯牙，战国时的音乐家，曾担任晋国的外交官。俞伯牙从小就酷爱音乐，他的老师成连曾带着他到东海的蓬莱山，领略大自然的壮美神奇，使他从中悟出了音乐的真谛。他弹起琴来，琴声优美动听，犹如高山流水一般。虽然有许多人赞美他的琴艺，但他却认为一直没有遇到真正能听懂他琴声的人，他一直在寻觅自己的知音。

有一年，俞伯牙奉晋王之命出使楚国。八月十五那天，他乘船来到了汉阳江口。遇风浪，停泊在一座小山下。晚上，风浪渐渐平息了下来，云开月出，景色十分迷人。望着空中的一轮明月，俞伯牙琴兴大发，拿出随身带来的琴，专心致志地弹了起来。他弹了一曲又一曲，正当他完全沉醉在优美的琴声之中的时候，猛然看到一个人在岸边一动不动地站着。俞伯牙吃了一惊，手下用力，“啪”的一声，琴弦被拨断了一根。俞伯牙正在猜测岸边的人为何而来，就听到那个人大声地对他说：“先生，您不要疑心，我是个打柴的，回家晚了，走到这里听到您在弹琴，觉得琴声绝妙，不由得站在这里听了起来。”

俞伯牙借着月光仔细一看，那个人身旁放着一担干柴，果然是个打柴的人。俞伯牙心想：一个打柴的樵夫，怎么会听懂我的琴呢？于是他就问：“你既然懂得琴声，那就请你说说看，我弹的是一首什么曲子？”

听了俞伯牙的问话，那打柴的人笑着回答：“先生，您刚才弹的是孔子赞叹弟子颜回的曲谱，只可惜，您弹到第四句的时候，琴弦断了。”

打柴人的回答一点不错，俞伯牙不禁大喜，忙邀请他上船来细谈。那打柴人看到俞伯牙弹的琴，便说：“这是瑶琴，相传是伏羲氏造的。”接着他又把这瑶琴的来历说了出来。听了打柴人的这番讲述，俞伯牙心中不由得暗暗佩服。接着俞伯牙又为打柴人弹了几曲，请他辨识其中之意。当他弹奏的琴声雄壮高亢的时候，打柴人说：“这琴声，表达了高山的雄伟气势。”当琴声变得清新流畅时，打柴人说：“这后弹的琴声，表达的是无尽的流水。”

俞伯牙听了不禁惊喜万分，自己用琴声表达的心意，过去没人能听得懂，而眼前的

这个樵夫，竟然听得明明白白。没想到，在这野岭之下，竟遇到自己久久寻觅不到的知音，于是他问明打柴人名叫钟子期，和他喝起酒来。两人越谈越投机，相见恨晚，结拜为兄弟，并约定来年的中秋再到这里相会。

第二年中秋，俞伯牙如约来到了汉阳江口，可是他等啊等啊，怎么也不见钟子期来赴约，于是他便弹起琴来召唤这位知音，可

是又过了好久，还是不见人来。第二天，俞伯牙向一位老人打听钟子期的下落，老人告诉他，钟子期已不幸染病去世了。临终前，他留下遗言，要把坟墓修在江边，到八月十五相会时，好听俞伯牙的琴声。

听了老人的话，俞伯牙万分悲痛，他来到钟子期的坟前，凄楚地弹起了古曲《高山流水》。弹罢，他挑断了琴弦，长叹了一声，把心爱的瑶琴在青石上摔了个粉碎。他悲伤地说："我唯一的知音已不在人世了，这琴还弹给谁听呢？"

两位"知音"的友谊感动了后人，人们在他们相遇的地方，筑起了一座古琴台。直至今天，人们还常用"知音"来形容朋友之间的情谊。

后人有诗赞美曰：摔碎瑶琴凤尾寒，子期不在与谁弹？春风满面皆朋友，欲觅知音难上难！

经典心语

俞伯牙精擅音律，苦于没人欣赏，偶于山中创出新曲，山水与人合二为一，此情此音更是迫切地希望得到认同。

正在此时，钟子期出现了，他不但听懂了俞伯牙的旋律，更听懂了俞伯牙的人。

最后，"知己"是专用词，可俞伯牙珍视音乐胜过自己，自是情理之中的事。于是，俞伯牙将钟子期视为自己平身仅有的"知音"，而不是"知己"。因为钟子期和俞伯牙在一起，钟子期永远只是个倾听者，钟子期是俞伯牙的知音，是一种追随和依附。高山流水的典故已经进入我们的集体内心。当我们说起知音的时候，强调的往往是要互相理解，而不是一意孤傲，我行我素。千里走单骑，是心有所往；雪中送炭情，是义的彰显。没有哪一种情感是理所当然的，没有哪一种劫难是平白无故的，我们面对生命给予我们的起起伏伏，唯一能做的是珍惜和感恩。

知识徜徉

中美友谊观对比

人处在社会中，不能独自生活，必须和社会接触，必须结交朋友，须得到他人的赞同，须得到别人的关怀。因此，朋友在每个人的日常生活中甚至每个人的生命中都扮演了一个举足轻重的角色。

对友谊的需求是全人类普遍存在的现象，无论对于中国人还是美国人，朋友都是非常重要的人际关系，正如我们中国人的一句友谊格言所说："没有真挚朋友的人，是真正孤独的人！"美国人对待友谊的看法也有类似的格言："Without a friend，the world is a wilderness.（没有朋友，世界成了荒野。）"由此可见，朋友对于任何人而言有多么地重要。

但由于东西方文化的差异，在对待交朋结友这件事上，中国人的友谊观与美国人的友谊观存在着明显的差异。下面从六个方面来加以比较。

一、中美友谊观中存在的差异

（一）从定义看

新华字典中对于朋友的解释为"同学，志同道合的人或特指恋人"，由此可知，中国人内心里对"朋友"的界定非常明确，内心有一把非常清楚的尺。而美国人的"朋友"概念却相对宽松。在牛津高阶英汉双解词典第七版中对"朋友"一词的定义为"喜欢的人、支持者，不是敌人，讨厌的人"等，由此可以看出，相比较中国人而言，对于友谊美国人更加开放、更加随性。有个留学生曾经概括说："当一个美国人称某人为'朋友'，大多数情形下他只是在表示礼貌友好，而不是真的要跟他建立一种友谊。"

（二）"友谊"持续时间

在中国，友谊往往是坚固、稳定甚至是终身的。就算是分别两地，朋友之间往往都会相互联系，或许是通过打电话或是聚会等，两者的友谊并不会随着时间的流逝而消逝。

外国人对友谊并不一定追求"永恒"，美式友谊就有些"速溶咖啡"的味道了，朋友交得快，忘得也快。美国是全世界流动性最大的一个国家，这种流动性使得美国人的人际关系相对淡薄。美国人对朋友的热情很快能从一个人转移到另一个人。因此，在美国，朋友之间如果一段时间内不联系、不见面，他们的友谊就会迅速地枯萎甚至死亡。

（三）“友谊”延伸的范围及领域

在中国人看来，朋友间的亲密程度是较高的，朋友之间往往会形成一种互相依靠的合作关系。美国人之间的友谊，大多数局限在某个领域，而不会自然而然地延伸到彼此生活、工作的其他领域之中。大多数美国人认为友谊需要保持一定的距离。因此，和美国人做朋友，有一种“君子之交淡如水”的感觉。

（四）交友目的的差异

在中国，交朋结友本身就是一种乐趣，很少有人从一开始就想从对方那里获取利益。中国人交朋友往往建立在有共同语言、志趣相投的基础之上，交朋友的目的相对单纯并且感性。

在美国，实用主义是美国人的独特信念，这种实用主义自然而然地反映在美国人的友谊观上。美国人找工作时有一句名言：“重要的不是你会什么，而是你认识谁。”这反映了美国人“交朋结友”，其意在扩大自己的交际圈，为自己未来的发展预留机遇和空间。

（五）建立及维系友谊方式的差异

1. 建立友谊的差异

中国人对建立友谊非常谨慎，也就是第一道心理防线是非常高的，所以当他们和陌生人见面时往往比较谨慎，彼此之间要接触相当长的一段时间，交流到了一定的深度，摸清彼此的习性和脾气，发现彼此是志趣相投或是共同经历“磨难”之后，才会在心里承认彼此是朋友，才会看重这段友谊。如“路遥知马力，日久见人心”。在中国的传统文化中，友谊意味着朋友间一生的信约，是要慢慢培养的，因为友谊一旦形成就终身相随。中国人所交的朋友必须是志同道合，兴趣相投，性格相近，否则就不能成为真正的朋友，只能算是点头之交，泛泛之辈。

而在建立友谊方面，美国人恰恰跟中国人相反。美国人刚开始和陌生人建立友好关系时，内心的防线是非常低的。但是当最初的这种友好关系进一步发展时，也就是要建立“真正的友谊”时，内心的墙体会不断升高，因为在美国文化中人们强调“隐私”和“独立”。或许你在初次和美国人打交道时会觉得他们很友善、很热情，但如果你想当然地认为他们已经把你当朋友看待了，你无疑要失落了。友善并不代表友谊，真正的朋友之间的友谊需要时间的历练及奉献精神，而这正是很多美国人所缺乏的。

2. 维系友谊方式的差异

由于中国人的“互依自我构元”在社会环境中起了主导作用，因此一旦确定友谊，朋友之间就相互关心彼此依存。因为要彼此依存相互联系，从而也形成了非常有特色的中国式的友谊交流方式。中国人友谊的保持，需要不断地互动，而这个互动就是不断地串门，拉家常，甚至一口气聊天几小时。并且对于中国人来说，朋友之间的串门聊天是不需要预约的，因为这是“情不自禁”，而只要是朋友，随时随地都是受欢迎的。

但这些往往是美国人觉得很费解的习惯和方式。美国人认为朋友就是说得来一起，说不来就分开，在他们看来，朋友并不意味着总是要在一起。在很多时候，“朋友”对于美国人来说，也仅仅意味着逢年过节打个电话祝福或问候一下，所以他们维持友谊的方式就仅仅只是时不时地举行聚会而已，他们不会没有约定就擅自上门做客，因为在他们看来这是一种不礼貌，不尊重他人的行为。

（六）对“朋友”期望值的差异

中国人觉得给朋友帮忙是理所当然的，即使因此要蒙受物质方面的损失也是值得的，正如中国格言说的那样，“在家靠父母，出门靠朋友”，为了朋友甚至可以“赴汤蹈火，在所不辞”“为朋友两肋插刀”。中国人通常在需要朋友帮助的时候判断其是否为“真正的朋友”，正所谓“患难之交”“患难见真情”。中国人欣赏“君子坦荡荡，小人长戚戚”，既是朋友也就不应该分彼此。朋友之间应当“肝胆相照”，为了知己朋友，牺牲自身某些利益甚至生命也在所不辞，正所谓“士为知己者死”。而在遇到正经事的时候，中国人往往也会把交情因素考虑进去，很少能做到“公私分明”。中国人的友谊讲究情深义重、重义轻利，人情味更浓一些。中国朋友更关心和在意对方、处处为对方着想、无微不至，甚至为朋友“两肋插刀”。因此，对朋友，中国人的期望值是非常高的。

中国人认为的朋友间理所当然的事和自然而然应当承担的责任及义务，很多美国人非常不认可。在他们看来，做朋友意味着彼此之间交流兴趣、爱好及思想；对双方而言，友谊更是一种乐趣、一种权利，而绝非责任和义务。他人不会为你承担其认为不应该承担的责任和义务，即使是朋友。在日常生活中遇到困难时，美国人很少主动地向朋友寻求帮助，而更多地依赖自力更生。遇到正经事的时候，他们往往会依赖理性而不是交情来办事，即“公事公办”。对美国人而言，朋友之间的交往，彼此并没有多少的义务和责任可言，美国人推崇的是独立性和自主性。美国人注重个体的独立性，信奉“自助者天助”，这样的价值观在他们的交友观上得到了最好的诠释。

二、形成中美友谊观差异的原因

中国是典型的集体主义社会，美国是典型的个体主义社会。美国人往往比较独立，强调自由，变动非常多，而中国强调的是集体主义，注重合作与团结，再加上安土重迁思想的影响，变动较少，因此中国人的“互依自我构元”起主导地位，相反美国人的“独立自我构元”起决定作用，由此也导致了中美两国人民对友谊和朋友的观念定义的不同以及由此引起的待友方式等的差别。

美国人的流动性比较大，经常换工作，换住房，美国人更加喜欢租房，因此相对喜欢买房的中国人来说，美国人友谊的流动系数和变动频率要高得多。美国人把变化作为生活的一部分，所以对于美国人，认识新的朋友，结交陌生人，获得新的友谊是非常值得做的事情。可是中国人却更愿意和老朋友交流，对于陌生人和一份新的友谊往往会考虑再三才会做出行动。这也是造成中美友谊观有所差异的原因之一。

总之，由于东西方文化的差异，在对待交朋结友这件事上，中国人的友谊观与美国人的友谊观存在着明显的差异。但双方也有共同点，那就是：大家都珍视朋友之间所建立的真挚友谊。而了解中美友谊观的异同是非常有必要的，这不仅有利于我们了解不同民族、不同国家的文化，也有助于跨文化交际的顺利进行。

原文

落叶与收获

这座城市的又一个过客，像枝头上不经意间飘落的一片落叶，那样轻盈，脆弱，一阵轻轻的微风就能将它飘走。你总说遥遥无期，转眼就各奔东西。

老朋友相见，虽然多一份苍凉，无法抹去的还是心中的那份永恒。每当想起他，我的心便禁不住碎落一地。没有朋友的日子我已经习惯，更多的时候，朋友也并不是解除孤独和寂寞的良药，而有人从一出生就可能比我终其一生的奋斗更要辉煌。生命里更多的东西是与别人格格不入的，最终割舍不下的还是与自己一脉相承的亲人。

一直无法找到平衡的支点，我知道痛苦会像秋天的落叶一样片片飘落。若所有的爱，注定只能使原来尚未愈合的伤口越来越疼，我愿意和你一样放弃。那远去很久的快乐，重新又绽放在我的心田。这将是我一生最致命的伤痛。天空有白云为伴，远山有群鸟相随。对人类而言，秋天是收获的季节，欢聚的季节，而对于自然而言，它是播种的季节，离散的季节。

时间可以磨损青春，岁月可以洗尽韶华，而像他这种痴情人珍藏在心中的那份情，却是时间和岁月都无可奈何的。我不知道是谁最终停泊在这个温暖的港湾。在你失意的时刻，我愿是你共谈心事的知己，别忘了我们的友谊，并非一朝一夕很多没有感情的爱，如今已被很多人熟练地操作，所以真爱难寻，假爱难辨。

感情真的难解释，解释情感奥秘的人，总是备受感情折磨的人。那段没有他的日子里，被如潮的相思所淹没。愿为一场真爱而死的我，仿佛忽然觉得，历尽千辛万苦珍藏的友情，正如你所轻易放弃的那样，只能是一场过眼烟云。觉得自己像冬日的小草，似乎已到达生命的尽头。我全盘把自己托出，而所有感情将要落地时，我听到自己心碎的声音。爱没有爱到尽头，没有爱到覆水难收，就不算是真爱。我眼也不眨地看着他走远，刻骨铭心地记着我今生的至爱就这样走出我的生命。

我们从一开始就相互筑墙，好长一段时间才发现这堵墙筑来筑去，筑成一段伤心而又甜蜜的故事。我们磕磕碰碰，又互相冷漠。当我远行的身影在路上磨破，当我参天心情在异乡顷刻塌方，你知道我在等你吗？等你描绘的斜阳夕照拉长我的信念，等你诗意的朦胧，细雨的温柔风化我浪子的心。保留一份永不倾诉的友爱，永置心底的友爱，到地老到天荒，到海枯石烂，直到来世续今生之缘。

曾经有一段伤感而无望的友情，只因为那千百年来一直流传的一份缘。门里的眼睛漫不经心望着门外的风景，而门外又有多少双朝圣者虔诚的眼睛望着门里。憧憬死生相伴的友情，只是不再认为平凡的人可以拥有。真能干干净净忘掉你吗？我不知道是否应该打开窗棂，让小雨飘进来，我不知道面对春天的期待，我该付出怎样的爱。枫叶再红的时候，我已是他乡之客，成熟的秋天里你我却是一无所获。学多些，你选择生活，学少些，生活选择你。充满焦虑的等待把我的心化作一个纸蝴蝶，欲飞不能，却空长一对相思的翅膀。

此刻想你，风中的梧桐摇碎一树浓如秋雨的愁绪，不知这久亮的窗灯，是否能剪碎我们此刻共同感知的忧郁。我想把思念制成一板圆圆的唱片，遥寄给你一首永不褪色的情歌。用纯净的爱心，把祝福的花环奉献；愿你生活中流溢鲜花的芬芳，愿你生活中洒满明媚的春光。

缕缕微风是我的声声问候，丝丝细雨是我的点点祝福；点点花语，带着点点深意，片片花香，是你我的情谊，句句问安，祝你吉祥幸福。遥寄一份对远方友人的思念，尤其在这特别的季节，愿摘下彩色花朵，扣上思念，许下祝福。辗转苍茫月夜，枕着想入眠，梦中读你，不会失意，醒来看你，更觉痴迷。

只有心理上繁花似锦，才能引来行为上绿草如茵，和我们生活的悲与喜有着休戚与共、千丝万缕的联系。选朋友要慢，换朋友要慢，友情，不管别离多久，情在，相逢终有期。其实，思念是不经意的，也是无法扼杀的。仿佛晨钟暮鼓般准时，爱花之心人皆有，惜花之情何处问。但有时理智往往臣服于感情，蓦然回首，记忆深处的烟波浩渺中，还有一个完全懂你的纯精神友人在无言相送，让你知道你在世上从来就没有孤独过。

想舒展你紧皱的眉头，在上面留下我温暖的唇印，拾起你跌落的叹息，捧在手心轻轻抚摸；想将你脸上的泪珠当甘露饮尽。然而，却无法在你每寸肌肤上写下千古绝唱的爱情誓言，只有圆一个友情的梦。

想把所有灵魂浓缩成瞬间的狂野给你；想与你天崩地裂地爱上一次然后下地狱；想抛除一切顾虑与你重温别人的"廊桥遗梦"；想为你做一回离经叛道的先锋……然而，理智告诉我"不能"。窗外飘飞的落叶，可是你撒落的叹息与无奈吗？你是我这辈子一份酸甜交织的牵挂，正如你荡气回肠的爱会照亮我未来的征程，伴我远走天涯，可我抚不平你的伤痛，擦不干你的泪花，因为我这双手已经挽起了别人的臂膀，而我擦泪的手帕也给了别人。

从今以后看月缺月圆我就知道你的足迹，月缺时你在他乡独自徘徊，月圆时就悄悄地走进了我的心上，远行中，你看见路边那盛开的鲜花，恰是我绽开的温情伴你天涯，那天上的雨云，是我撒不去的离愁和牵挂，当风从你耳畔发间吹过，是我对你轻轻的耳语亦或缠绵的五指在为你梳理蓬乱的头发，而夜晚床前那清冷的月光，则是我撒满一地的相思。

二月，大雪纷飞，是我飘洒不尽的相思；六月，芳草萋萋，是我蓬勃的爱在疯长。面对你执著而炽热的爱情，一个健康的血肉之躯，谁不想用火山爆发般的热烈来响应？可是我们中间还隔着道义，责任与义务，这重重的障碍，迢迢征途中还有人需要与你我相携着淋风沐雨一路走过，作为正直善良的我们又如何漠然视之，置亲人的感受于不顾呢？我做不到，或即便破釜沉舟地做到了也不会心安理得地去一味享受自己的幸福，如此，我们不如理智些，让一切不该发生的不要发生，只在彼此的心中守护着一份凄婉的美丽而渐渐老去，在生命尽头……

含英咀华

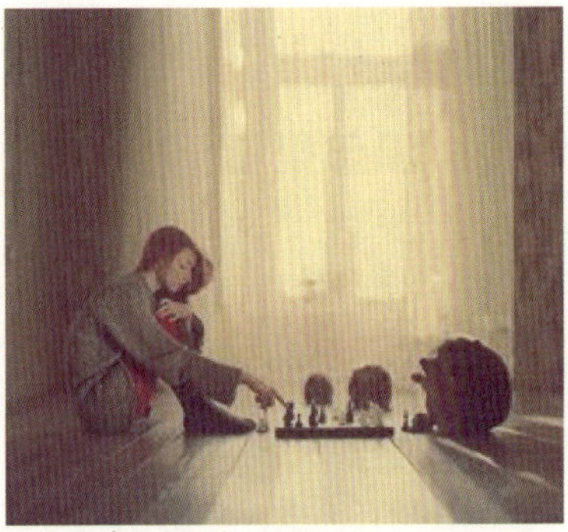

当一个人失落的时候，那么旁边陪伴的必定是她的朋友；当一个人不开心的时候，那么能陪着一起哭的必定是她的朋友；当一个人开心的时候，和她分享快乐的必定有她最好的姐妹，最好的哥们。有的人说：朋友就是一起疯，一起闹，有难一起担，有乐一起笑的那种铁哥们。也有的人说：朋友其实分很多种，也许是对你有帮助，也许是对你有所图的，或许是对你有损害的。当你的朋友向你倾吐胸臆的时候，你不要怕说出心中的“否”，也不要瞒住你心中的“可”。当他静默的时候，你的心仍要倾听他的心；因为在友谊里，不用言语，一切的思想，一切的愿望，一切的希冀，都在无声的喜乐中发生而共享了。

泛舟经典

把你的名字刻在石头上

有两个朋友在沙漠中旅行，途中吵架了。其中一个人打了另一个人一记耳光，被打的觉得受辱，一言不发，就在沙子上写下：“今天我的好朋友打了我一耳光。”

他们继续走，来到了一条大河边，过河时被打的那个人差点被淹死，是他的朋友救了他。被救起后，他拿一把小刀在石头上刻下：“今天我的好朋友救了我一命。”

在一旁的朋友好奇地问他：“为什么我打你，你写在沙子上，而现在你却刻在石头上？”他笑笑说：“当一个朋友伤害你的时候，要写在易忘的地方，风会负责抹去它；相反的是如果别人帮助你，我们要把它刻在心灵的深处，那是任何风都抹灭不去的。”

经典心语

朋友在相处时，伤害往往是无心的，帮助却是有心的。忘记那些无心的伤害，铭记那些真心的帮助，你会发现这个世界你有很多的真心朋友。

朋友不是玻璃做的，有许多人总是把朋友当做玻璃，小心翼翼地怕碰坏了。有时候，明明对朋友很不满，却不敢表达出来，害怕一旦表达不满，就会发生冲突；一旦发生冲突，就会伤害感情；一旦伤害感情，就失去这个朋友。真正的朋友不是玻璃做的，如果朋友真的像玻璃一样不许你碰，这样的友情也是自私的。

温馨提示

请记住，你还有我

累了，就要多休息；困了，就要入梦里；饿了，就要吃东西；烦了，就要解闷气；乐了，就要笑嘻嘻；想了，就要多联系。常给我发短信息，包你快乐又美丽。

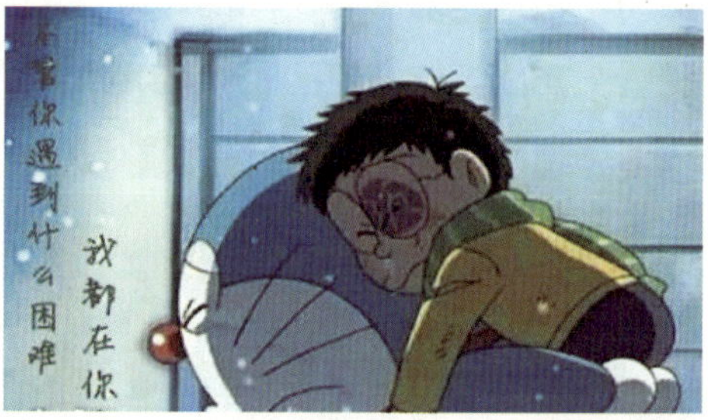

阳光在播撒，花儿在绽放，鸟儿在欢唱，小草在生长，生命在搏动，绿色在萌发，我在为你深深牵挂，祝福为你早早送上，愿你幸福永无边，快乐永无疆。

怀着对未来生活的希望和憧憬，过好今天迎接明天，懂得珍惜，懂得感恩，学会理解，学会包容，以微笑面对挫折，以坚强征服困难，愿友一生幸福！

用你的汗水、执著和勇气，在这个世界留下灿烂的痕迹，用我的善良、关怀和爱给你信任和依赖，朋友，请记住，你还有我永远的支持和祝福。

世上最难断的是感情，最难求的是爱情，最难得的是友情，最难分的是亲情，最难找的是真情，最难受的是无情，最难忘的是你开心的表情！

第二节　坚定——生命中最牢固的支撑点

原文

假如我有这样的朋友

“有一把雨伞撑了很久，雨停了还不肯收。有一束花闻了很久，枯萎了也不肯丢。有一种友情，希望到永远，即使青丝变白发，也能心底保留。”

假如我有这样的朋友：你做伯牙，我做子期，我们共听高山流水，共赏花香鸟语。

假如我有这样的朋友：风和日丽的时节，我们一边走一边说说笑笑，仿佛生活从来都是那么怡然而惬意。

假如我有这样的朋友：是我一转身时身旁的那道风景，静静地守在我身边，默默地注视着我的行程，默默地解读我的悲喜；累了的时候给我带去一丝绿意，心绪沉重的时候，送我一片宁静的天空。

假如有这样的朋友：走过了万水千山，读尽了世事沧桑，当人生的风景倦了你我的心情，当我们漫步于人生的黄昏，你还会想起我。

假如我有这样的朋友：是一杯淡淡的清茶，没有酒的浓和烈，在我需要的时候，飘起那一抹淡绿，静静地把我陪伴，给我解渴。

假如我有这样的朋友：能读懂我，能穿过层层面具，如入无人之境地走进我的心灵，用一种彼此都懂的语言来和我进行灵魂的对话和交流。

假如我有这样的朋友：不在乎对方的相貌，也不在乎对方的身份地位，无须刻意隐瞒自己，能容纳对方的所有瑕疵，肯为对方付出关爱，能为对方舍弃自己的欢愉。

假如我有这样的朋友：缮生笑语随旭日，愉快开心乐茂年。依灯而坐，侃侃而谈，无拘无束，与知音相知，细心分享内心深处的每一句心语。

假如我有这样的朋友：开心时，为我锦上添花，失意时，在我空间默默，留下安慰我的话，悄悄离开的人！陪我走到最后的人。

假如我有这样的朋友：彼此欣赏，彼此倾慕，彼此关注，并渗入彼此心灵的最深处，能给我无穷的力量和勇气，是我倾诉的对象，是我的一件衣服，寒冷时，会给我温暖，炎热时，给我的又是一丝凉爽。会分担彼此的快乐与痛苦，让我们知道被人彼此牵挂，难以言语的那种感动与幸福，从而使自己的生活充实而快乐，使得人生更精彩。

而我，真的很幸运——因为我拥有这样的朋友。可以牵念，可以偶尔想起，可以心灵相通，灵魂对话的朋友。不见面也会有聊不完的话题、说不完的乐事。享受这种温暖，永远记得，珍惜……

含英咀华

珍惜友谊，就如珍惜寒冷中的一团星火；珍惜友谊，就如珍惜沙漠中的一片绿洲；珍惜友谊，就如珍惜暴雨中的一把雨伞。友谊是一朵花，使我们的人生变得气味芬芳；友谊是一支笔，使我们的人生变得色彩斑斓；友谊是一首歌，使我们的人生变得丰富多彩。分别是酒曲，时间是五谷杂粮，真情是甘洌清泉，放在一起发酵，酿出醇香绵长的友谊佳酿。让我们共饮此酒，让我们终生分享。分别不应是友谊的结束，而是友情的继续生长，经过岁月风霜的浸染，愿这份友情更加纯真悠长。朋友，是相伴在彼此心里，是生命的一种交集，是灵魂的一种相依。无须掩饰，自有一份默契，一份灵犀；无须刻意，自有一份惊喜，一份诗意。朋友，解读的是心事，给予的是不离，付出的是情意，收获的是珍惜。朋友的心，是透明的心，没有秘密，没有距离；朋友的情，是永恒的情，不是爱情，胜似爱情。

泛舟经典

你就大胆地往前开

汤姆有一架自己的小型飞机。一天，汤姆和好友库尔及另外 5 个人乘飞机穿过一个人迹罕至的海峡。飞机已飞行了两半小时，再有半小时，就可到目的地。

忽然，汤姆发现仪表显示，飞机上的油料不多了。汤姆判断是油箱漏油了。因为起飞前，他给油箱加满了油。

汤姆将这消息传达，飞机上的人一阵惊慌，汤姆安慰他们："没关系的，我们有降落伞！"说着，他将操纵杆交给也会开飞机的库尔，走向机尾拿来了降落伞。汤姆给每个人发了一顶降落伞后，也在库尔身边放下一个盛有降落伞的袋。他说："库尔，我的好兄弟，我带领着 5 个人先跳，你开好飞机，最后在适当时候再跳吧。"说着，带领 5 个人跳了下去。

飞机上就剩库尔一个人了。这时，仪表显示油料已尽，飞机在靠滑翔无声地向前飞。库尔决定也跳下去。于是，他一手扳紧操纵杆，一手抓过来降落伞包。他一掏，大惊，包里没降落伞，是一包汤姆的旧衣服！

库尔咬牙大骂汤姆！没伞可跳！没油料，靠滑翔飞机是飞不长久的！库尔急得浑身冒汗，只好使尽浑身解数，往前能开多远算多远。

飞机无声息地朝前飘着，往下降着，与海面距离越来越近……就在库尔彻底绝望时，奇迹出现了——一片海岸出现在眼前。他大喜，用力猛拉操纵杆，飞机贴海面冲过去，嗵的一声撞落在松软的海滩上，库尔晕了过去。

半个月后，库尔回到他和汤姆所居住的小镇。

他拎着那个装着旧衣服的伞包来到汤姆的家门外，发出狮子般的怒吼："汤姆，你这个出卖朋友的家伙，给我滚出来！"

汤姆的妻子和三个孩子跑出来，一齐问他发生了什么。库尔很生气地讲了事情的经过，并抖动着那个包，大声地说："看，他就是用这东西骗我的！他没想到我没死，真是老天保佑！"

汤姆的妻子说了声："他一直没有回来。"就认真翻查那个包。旧衣服被倒了出来后，她从包底拿出一张纸片。但她只看了一眼，就大哭起来。

库尔一愣，拿过纸片来看。纸上有两行极潦草的字，是汤姆的笔迹，写的是：

库尔：我的好兄弟，机下是鲨鱼区，跳下去必死无疑。不跳，没油的飞机不堪重负，会很快坠海。我带他们跳下后，飞机减轻了质量，肯定能滑翔过去……你就大胆地向前开吧，祝你成功！

经典心语

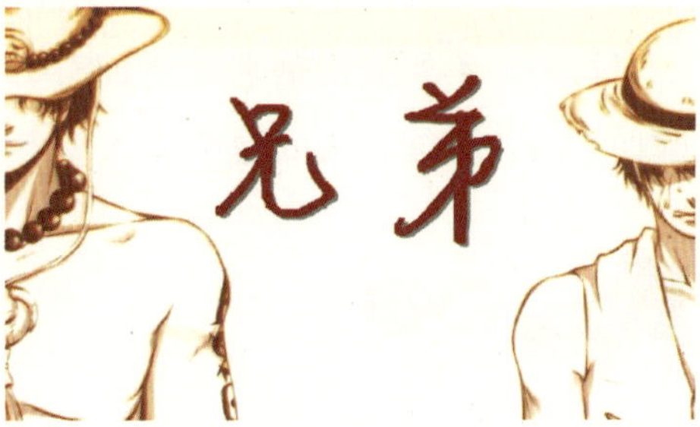

汤姆和库尔的友情上升到了舍生取义的境界。友不贵多，贵在风雨同行；情不论久，重在有求必应。所谓义真：只要你要，只要我有；只要你需，只要我能。所谓的情深：不是得意时的花言巧语，而是关键时刻拉你的那只手。来的热烈的不一定真心守候，始终如一的才能奉陪到最后。好缘分不会输给时间，好朋友来了以后就不会再走。遥远的我们来到这个世界，凭的是内心的执著和感恩。花月有终期，世事无常情，我们能把握的是每秒的生命瞬间。生命的层次是靠道德和智慧累计出来的，而道德和智慧最后会酝酿成可歌可泣的伟大情感。为此，我们对于情感的离逝，我们要回归道德和智慧，让一切美闪烁出我们的爱和价值。我们每一次成长是在情感的挣扎中磨炼出来的，这样的磨炼会给我们内心对世界永久的温存。

温馨提示

友情的最高境界是经得起平淡的流年

你永远也看不到我最寂寞时候的样子，因为只有你不在我身边的时候，我才最寂寞。

如果我们都是孩子，就可以留在时光的原地，坐在一起一边听那些永不老去的故事，一边慢慢皓首。

躲在某一时间，想念一段时光的掌纹；躲在某一地点，想念一个站在来路也站在去路的，让我牵挂的人。

假如有一天我们不在一起了，也要像在一起一样。

刚刚好，看到你幸福的样子，于是幸福着你的幸福。

一个人一生可以爱上很多的人，等你获得真正属于你的幸福之后，你就会明白一起的伤痛其实是一种财富，它让你学会更好地去把握和珍惜你爱的人。

曾经拥有的，不要忘记。不能得到的，更要珍惜。属于自己的，不要放弃。已经失去的，留作回忆。

有些事，一转身就是一辈子。

友情的最高境界是经得起平淡的流年。

生命中，总有些人，安然而来，静静守候，不离不弃。

我们，不要去羡慕别人所拥有的幸福。你以为你没有的，可能在来的路上；你以为她拥有的，可能在去的途中。

原文

友情像一棵树

在人生的旅途中，我们会邂逅许多人，他们能让我们感到幸福。有些人会与我们并肩而行，共同见证潮起潮落；有些人只是与我们短暂相处。我们都称之为朋友。朋友有很多种，就好像一棵树，每一片叶子是一个朋友。

最早发芽的朋友是我们的爸爸和妈妈，他们告诉我们什么是生活。接下来是我们的兄弟姐妹，他们与我们一起成长，共同走向繁荣。然后是我们所有的家人朋友，他们让

我们尊重，让我们牵挂。

命运还会赐予我们其他朋友，我们不知道什么时候会邂逅他们。许多人被我们称为灵魂和心灵之友，他们是真诚的，也是真挚的。他们知道我们什么时候过得不好，知道如何让我们幸福，知道我们需要什么，甚至我们不必开口。

有时某一个朋友会触动我们的心灵，于是我们就会相爱，拥有一位恋人朋友。这个朋友会让我们的眼睛焕发光彩，会让我们与歌曲相伴，会让我们雀跃前行。

还有一种一时的朋友，他们或是曾与我们共度某个假期，或是曾共度几天甚至几小时。在一起的时候，他们总能让我们的脸上挂满微笑。

也有一种远方的朋友，他们位于枝干的末端，有风的时候，他们会在其他叶子中间若隐若现。他们虽然不总在我们身边，但一直与我们的心灵很近。

时光流逝，夏去秋来，一些叶子会离我们而去，一些叶子会在另一个夏天出现，还有一些叶子会陪伴我们许多季节。但最让我们感到幸福的是，那些虽已凋零，却不曾远去的叶子，他们依然在用欢乐滋养我们的根系。那是他们与我们相遇时留下的美好回忆。

我们生命中的每位过客都是独一无二的。他们会留下自己的一些印记，也会带走我们的部分气息。我需要你，我生命之树的叶子，就像需要和平、爱与健康一样，无论现在还是永远。同样有人会带走很多，也有人什么也不留下。这恰好证明了，两个灵魂不会偶然相遇。

含英咀华

生命中有许多东西是需要放过的。放过，有时是为了求得一份心灵的安宁，有时是为了获得一个更广阔的天空。放过是一种境界，是一种高度。

人生是一种缘，你刻意追求的东西或许终身得不到，而你不曾期待的灿烂反而会在你的淡泊从容中而至。世上唯一无刺的玫瑰，就是友情。友情如花香，越淡的香气越使人依恋，也越能持久。它犹如生活里的一盏明灯，照亮我们的灵魂，使我们的生存有了点点光彩。人生是漫长而短暂的，时光总是在不经意间流逝，生活中的惬意与急躁，欣喜与痛苦，堆积在一起就像酸甜苦辣混杂的美酒佳肴。

泛舟经典

老友们的资助

有一个美国富翁，一生商海沉浮，苦苦打拼，积累了上千万的财富。有一天，重病缠身的他把 10 个儿子叫到床前，向他们公布了他的遗产分配方案。他说："我一生财产有 1 000 万，你们每人可得 100 万，但有一个人必须独自拿出 10 万为我举办丧礼，还要拿出 40 万捐给福利院。作为补偿，我可以介绍 10 个朋友给他。"他最小的儿子选择了独自为他操办丧礼的方案。于是，富翁把他最好的 10 个朋友一一介绍给了他最小的儿子。

富翁死后，儿子们拿着各自的财产独立生活。由于平时他们大手大脚惯了，没过几年，父亲留给他们的那些钱，就所剩无几了。最小的儿子在自己的账户上更是只剩下最后的 1 000 美元，无奈之时，他想起了父亲给他介绍的 10 个朋友，于是决定把他们请来聚餐。

朋友们一起开开心心地美餐了一顿之后，说："在你们 10 个兄弟当中，你是唯一一个还记得我们的，为感谢你的浓厚情谊，我们帮你一把吧！"于是，他们每个人给了他一头怀有牛犊的母牛和 1 000 美元，还在生意上给了他很多指点。

依靠父亲的老友们的资助，富翁的小儿子开始步入商界。许多年以后，他成了一个比他父亲还要富有的大富豪。并且他一直与他父亲介绍的这 10 个朋友保持着密切的联系。他就是美国巨商弗兰克·梅维尔。

成功后的梅维尔说："我父亲告诉过我，朋友比世界上所有的金钱都珍贵，朋友比世界上所有的财富都恒久。这话一点也不错。"

经典心语

在这个世界上，金钱能给人一时的快乐和满足，但无法让你一辈子都拥有。而友谊和朋友却能给你一生的支持和鼓励，让你终身拥有快乐、温馨和富足。

好朋友是人生一笔最大的财富，也是一笔最恒久的财富。真挚的友谊是人生最温暖的一件外套。它是靠你的人品和性情打造的，年轻时一定要好好地珍惜它，用心去储存。一定要极尽自己力所能及之事，帮助那些比你苦的人感受这世上的阳光和美丽。这样的善良常常是播种，不经意间，就会开出最美丽的人性之花来。

知识徜徉

友谊是使青春丰富多彩的，清纯的生命的旋律，是无比美丽的青春赞歌。

——（日）池田大作

友谊往往是由一种两个人比一个人更容易实现的共同利益结成的，只有在相互满足时这种关系才是纯洁的。

——（瑞典）斯特林堡

友谊像清晨的雾一样纯洁，奉承并不能得到友谊，友谊只能用忠实去巩固它。

——（德）马克思

友谊永远是美德的辅佐，不是罪恶的助手。

——（罗马）西塞罗

友谊永远是一个甜柔的责任，从来不是一种机会。

——（美）纪伯伦

于顺境中交朋友只需费一举手之劳；在困厄时寻找友谊简直比登天还难。

——（罗马）爱比克泰德

愚蠢的朋友比明智的敌人更糟糕。

——（印度）释迦牟尼

在背后称赞我们的人就是我们的良友。

——（西班牙）塞万提斯

在各种孤独中间，人最怕精神上的孤独。

——（法）巴尔扎克

在无利害观念之外，互相尊敬似乎是友谊的另一要点。

——（法）莫罗阿

在友谊里，不用言语，一切的思想，一切的愿望，一切的希冀，都在无声的欢乐中发生而共享了。

——（美）纪伯伦

【参考文献】

[1] 王涵．名人名言录．5版．上海：上海人民出版社，2009.
[2] 蘅塘退士．唐诗三百首、宋词三百首、元曲三百首．北京：华文出版社，2009.
[3] 黎娜．中华美文大全集．北京：中国华侨出版社，2011.

第二章

社交篇：海内存知己，天涯若比邻

“忠实的朋友是人生的良药。”21世纪是一个高速发展的时代，合作是人类生存的必要手段，随着社会分工的精细化，个人已经不可能再成为百科全书式的人物，只有借助别人的智慧才能实现人生价值，实现自我超越。

社交关系在人生道路上起着决定性的作用。社会中，不少人取得相当大的成就，并不是因为他们很有才华，而是他们拥有一个无形的资产——良好的人际关系，就是这个资产使得他们在各领域都能平步青云。

盖斯凯尔夫人说：“要是你有个朋友，能把困难的问题分析得很清楚，知道应该怎样去应对，又能确定哪一个办法最聪明、最适当，一切的困难到头来都迎刃而解，那真是再愉快不过的事了。”

本篇章就人际关系分为“校园社交”“名人社交”“网络社交”三小节，从自己学习生活中的社交到名人社交再到虚拟社交，去学习和牢记人际交往要遵循的一些“准则”。

第一节　校园社交——积累生活人脉资本

原文

三尺巷的由来

三尺巷又名六尺巷。清代开国状元傅以渐，在京城为秘书院大学士。家中因为宅基

纠纷，修书一封，希望他能为家中撑腰。收到家人来书，遂修一纸家书："千里修书只为墙，让他三尺又何妨？万里长城今犹在，不见当年秦始皇。"家人看后，自感惭愧，主动让出三尺，邻居知道后，也深感惭愧，让出三尺来，于是就形成了今天的六尺巷。

含英咀华

做人应求"和"，而不求"同"，要和而不同。求"和"，不是要求在与人相处时，无原则无立场地妥协或者退让。这"和"是一种团结和谐的人际关系，是在校园生活中营造一种互帮互助的氛围，也是一种对己对人宽容的度量。

那如何"和"？见仁见智，但最基本要做到以下几点。

一、相容原则

人都是有个性的，自然体现在习惯、性格、喜好上，初次接触时，难免冲突。试着去了解和习惯别人的习惯、性格、喜好，做到知己知彼，在产生意见分歧时，避免不必要的冲突。

二、信用原则

守信能给人安全感，与人相处，这点是最基本的要求。长期和没有信用之人接触，人体内的怒气荷尔蒙自然飙升，想要和平解决分歧都难。

三、体谅原则

人都会有不顺心的时候，将心比心，换个立场和角度，你会发现世界大不一样。不要总是抱怨别人的不好，因为在说别人不好的时候，你需要提醒自己的是，你也有缺点。

四、关怀原则

人都希望获得别人的关怀，尤其当失意、困难的时候，适时表达一句关怀的慰问、提供一个关怀的协助，可以激发人的信心、重燃希望。关怀别人，就是表达善意。

孟子说：君子之所以异于常人，便是在于其能时时自我反省。即使受到他人不合理的对待，也必定先反省自身。有分歧时“以和为贵”，看看自己存在的问题，很多问题也就没有想象中那么不可协调。

温馨提示

如何“一团和气”

禁忌因为表现自己而伤害其他同学的自尊心理。

禁忌对别人产生浓厚的好奇心，该问不问，不该问一直问。

禁忌同学相处太“小心眼”。

禁忌在同学面前肆意炫耀。

知识徜徉

挚友——交情深厚的朋友。

诤友——坦诚相见，直言相规的朋友。

盟友——为特定目的结盟联合的朋友。

闺友——闺房中无话不谈的朋友。

损友——不对自己着想（负责）的朋友。

益友——于己有帮助的朋友。

密友——亲密的朋友。

忘形交——异性之间的友谊。

刎颈交——可以同生死、共患难的朋友。

患难之交——同经磨难而成为朋友。

金兰之交——情意相投的朋友或结拜兄弟。

车笠之交——不以贵贱而异的朋友。

平昔之交——往日结交的朋友。

诗文之交——以诗文往来结交的朋友。

忘年交——打破年龄、辈分的差异而结为朋友。

莫逆之交——彼此心意相通，无所违逆。

杵臼之交——不计贫贱的友谊。

至交——友谊最深、不猜不疑的朋友。

知交——相知笃深的朋友。

金石之交——友谊深厚、如金石般坚固。

肺腑之交——无话不谈、推心置腹的朋友。

款交——以真情相待。

原文

尊重别人的独特

某个小乡，当地的人说起话来没有一个不口吃的，走起路来也没有一个不瘸腿的。这两项缺点在这个乡下被视为才能。

一个外地人看到这种弊端，以为当地的居民看到他健全的双腿和口若悬河，一定会羡慕他。他觉得自己有责任教导这些人改掉错误的观念和方式。

当他以正常的方式出现在大家面前，走起路来不一拐一拐的，街上的路人全都停下脚步来打量他：“看，这个外地人竟然不晓得怎么走路。”“是你们不晓得怎么走路，不是我。”乡下人的嘲笑令他大声驳斥，“你们必须根除这种不好的习惯。”

没想到他话才一出口，大家听出他没有口吃的情况，又笑得更厉害了。

结果，他走遍整个乡间，到处受人嘲笑。

含英咀华

《哥林多前书》第十章第十二节说：“自己以为站得稳，需要谨慎，免得跌倒。”寓言中双脚健全口若悬河的人，就犯了“自己以为站得稳”的错，在于他太过于主观，一味地认为自己的才是真理，是值得被人学习的，是值得别人为此而改变的。

别忘了，对不会吃榴莲的人，那是猫屎，臭臭果。在校园生活中，要懂得尊重别人的独特。

尊重别人，首先要在心里确定一个观点，对方在尊严方面一定是和你平等的。人们交往的目的说直白点主要是为了共同的利益，这就规定了彼此应在人格上平等和学习上互助，并且主动了解、关心朋友。苏霍姆林斯基曾经指出，不要去挫伤别人心中最敏感的东西——自尊心。

佛经有云：“你要包容那些意见跟你不同的人，这样日子比较好过。你要是一直想改变他，那样你会很痛苦。你要学学怎样忍受他，怎样包容他才是。”

经典心语

包容别人，承认别人有发表意见的权利，即使别人的意见或建议与你不一样，也要敞开心胸，设身处地，站在对方的立场来探讨问题。

温馨提示

千万别做以下几点，否则容易得罪人

第一，背后议论别人。

第二，对别人的事指手画脚。

第三，矬子面前说矮话。

第四，批评别人喜欢的东西。

第五，很多时候都是说话不得当。

第六，太拿自己不当外人。

第七，把人身攻击当调侃，把嘴贱当幽默。

第八，在什么问题上都要讲道理，过分喜欢辩论。

第九，轻佻的说话和骄傲的语气。

第十，不回别人信息。

第十一，不分场合地泼别人冷水。

第十二，永远否定他人的观点。

第十三，以一个自以为很好的标准要求对方，想去改变对方。

第十四，在追求目标时忽略了他人的感受。

第十五，自我，不知不觉让别人感到被工具化。

原文

长寿王的故事

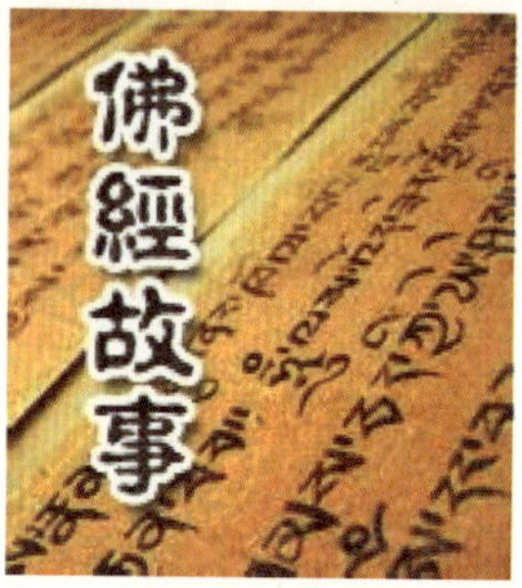

从前有个国王，名叫长寿；他有个儿子，名叫长生。长寿王以法治国，但从不对臣民滥施刑罚，国内风调雨顺、五谷丰登，人民安居乐业。邻国有个国王，凶狠残暴，肆意妄为，搞得天怒人怨，国困民穷，大家都称他为恶王。

有一天，恶王对大臣说："我听说长寿王的国家，离我们不远，国家富饶，财物无数，又没有多少军队，我们发兵去把它攻下来吧！"恶王听大臣们纷纷赞成，就带领军队，扑向长寿王的国家。

边境的官员得到了消息，连夜派人向长寿王示警，要求速做准备，增派援兵。长寿王召集群臣，对大家说："恶王之所以攻伐我国，目的不过是要抢夺我们的粮食、珍宝、财物。我如果发兵抵抗，我方军队必有死伤。这样的事我不能做！"

大臣们说："我们有熟悉战略、战术的将领，勇猛善战的士兵，一定能打败敌人，而不会有多少伤亡，请大王放心。"长寿王说："如果我们能胜利，对方就一定会有大批人员伤亡。对方士兵的生命同样可贵，你们为了爱戴我，而去伤害他们的生命，这同样是不应该的。"

大臣们见国王坚持不肯发兵抵抗敌人，只好自己先行组织起来，带领军队奔赴边境。长寿王对太子说："恶王贪图我国的财富而来攻打我们，现在大臣们为了保护我，要与恶王作战。两国交战，必有死伤，还不如我们两人偷偷地扔下王位，逃往其他地方吧！"太子说："遵命！"

于是，父子两人在半夜偷偷地翻墙出走，隐居到深山里。长寿王父子出走后，大臣们也就不再抵抗了。恶王顺利地占据了长寿王的国家，他派人到处搜寻长寿王的下落，宣布说："有谁能捉住长寿王献来，赏给黄金万两。"但一直没能抓住长寿王。

有一天，长寿王在路旁的一棵大树下休息，恰好碰到一个从远方来的婆罗门，也在大树下休息。婆罗门问长寿王："您是哪国人？怎么会在这里？"长寿王说："我就是这个国家的人，随便出来玩玩而已。您从什么地方来？准备到哪里去？"婆罗门说："我是个住在穷乡僻壤的修道人，听说你们国家的长寿王，一向乐善好施，救穷济贫，所以特地赶到这儿来，希望得到一点布施。您是这个国家的人，应该了解情况，长寿王还像过去

那样乐善好施吗?”长寿王听后很感动，心想：“你为了我才从远方赶来，却不知我已经丧失王位，一无所有了。你这样白跑一趟，实在太可怜了!”想着，不由得掉下泪来，对婆罗门说：“我就是长寿王。因为邻国的国王来攻打我国，所以我抛弃了国家，隐匿在这里。如今您大老远地来找我，我却一无所有，没有什么可布施给您，实在是很对不起。”两人不禁相对垂泪。

突然，长寿王想起恶王悬赏捉拿他的事，便说：“我听说新国王正在悬赏捉拿我，您只要提着我的头去见他，一定可以得到一大笔钱。”婆罗门说：“我听说大王济贫救穷，所以不远万里来到这儿，想得一点布施以支撑度日，谁知大王已失去王位，这也只能怪我自己太没有福气了。让我杀了您去领赏，那是我万万不能做的!”

长寿王说：“您本是有所求，才从远方来找我的，我无论如何都应该帮助你。人总是要死的，如果我的死，能对您有所帮助，您又何必谦让呢？即使您拒绝了，以后如有其他人，来要求我帮助，我同样会把脑袋交给他的。与其那样，还不如您今天就把我的脑袋拿走。”

婆罗门说：“我实在不忍心下手杀害大王，如果大王如此大慈大悲，执意要杀身帮助我，那请您自行投案，我跟您一起去吧!”于是两人一起来到王宫。

长寿王让卫士把自己捆绑起来，并马上去禀告恶王。恶王听说长寿王已找到，喜出望外，取出赏钱赏赐婆罗门。婆罗门便回国了。恶王派人在街头搭起行刑台，要在那里当众烧死长寿王。长寿王以前的大臣们，听到这个消息，纷纷跑来向恶王哀告：“这是我们的故主，他今天就要死了，希望大王允许我们最后一次为他送行!”

恶王答应了。大臣们便准备了各种酒食、饭菜，送到行刑台上，一个个痛哭不已；旁边围观的群众，都说长寿王死得太冤枉了，连城外的农民、樵夫都呼天喊地，伤心不已。太子长生听到传言说“父亲已被恶王抓住了”，连忙挑了一担柴，假装到城里卖柴，也挤在围观的人群中。他看到父亲就要被处死了，心里悲痛欲绝。长寿王一眼看见儿子也挤在人群中，唯恐儿子以后会替自己报仇，便仰天长叹，高声喊道：“当儿子最大的孝顺，就是能让父亲死后无恨。儿子啊！你千万不要为我报仇，那我死后才会快乐，没有忧愁；如果你不听我的话，一定要杀人报仇，那我在九泉之下也不会安心的。”

长生不忍心亲眼看着父亲被活活烧死，便挤出人群，回到山中。长寿王就这样被活活地烧死了。

长生回到山中，心里愤愤不平，一直宁静不下来，心想："我父亲仁重义深，至死不变；而恶王却胡作非为，不明善恶，害死我父亲。虽然我父亲心存仁慈，至死仍不怨恨恶王，不让我报仇；但我做人儿子的，如不能杀了恶王，报此杀父大仇，有什么脸面再活在这世界上？"打定主意后，他偷偷地潜回城里，装扮成打零工的，以寻找报仇的机会。

恶王手下有个大臣，家里有座菜园，正需要一个种菜的。管菜园的人在街上遇到长生，便雇他来种菜。长生干活认真负责，技艺又高，满园蔬菜长得茁壮旺盛，生机蓬勃。

一天，大臣来巡视菜园，看见蔬菜长得这么好，心里很高兴，便叫来管菜园的人询问原因。管菜园的回答说："前不久，我在街上雇了个小伙子，这些菜都是他种的。"大臣便把长生叫到面前，交谈之下，觉得这个小伙子知识丰富，什么都懂，便问他："你会做饭菜吗？"长生说："会！"大臣便提拔长生当厨师。长生做的饭菜香气扑鼻，花样别致，味道甘美，大臣十分高兴。一天，大臣请恶王到家里做客。恶王一尝到如此精美的饭菜，欣羡极了，忙问："你的这些饭菜是谁做的？"大臣说："前不久我雇了个小伙子，厨艺好极了，这些饭菜就是他做的。"恶王说："你把他送给我吧！"饭后便把长生带回王宫，让长生专为自己做饭烧菜。长生曲意奉承恶王，得到恶王极大的欢心和信任。

有一天，恶王问长生："你会武艺吗？"长生说："过去学过。"恶王便提拔长生做自己的贴身卫士，对长生说："我有个仇人，就是已死的长寿王的儿子长生。我一直防备着他，怕他来找我报仇。现在我提拔你做我的贴身卫士，希望你帮助我、保护我，防备长生前来暗杀我。"长生说："遵命！我一定为大王效力，以死相报。"又过了些日子，恶王问长生："你喜欢打猎吗？"长生说："我从小就喜欢打猎。"恶王便命令手下牵犬驾鹰，与长生一起出城去打猎。入山不久，便看到一头羚羊在前面拼命逃窜，恶王就与长生一起驱马追赶；一直追到山林深处，两人都迷失了方向，在山林中转了三天，也没有找到返回的道路，他们又饥渴又疲乏。恶王跳下马来，解下佩剑，交给长生说："我实在累坏了。你坐下，让我枕着你的大腿睡一会。"长生说："行！"恶王就枕着长生的大腿，渐渐地睡着了。

长生心中暗自思索："我为了报仇，想了多少办法，吃了多少苦，今天总算老天爷保佑，报仇的机会到了。"便拔出剑来，正要砍去，忽然想起父亲临终前的嘱咐，不觉又犹豫起来，心想："父亲临终前再三命我不可报仇，我怎么能违反呢？"想着，便把剑插入剑鞘。

这时，恶王突然惊醒，对长生说："我做了个噩梦，梦见长寿王的儿子要来杀我，把我吓坏了！不知怎么突然做这样的梦？"

长生说："这一定是山中的恶鬼，见大王在这里休息，所以前来作祟吓唬您。有我在这里守卫，大王您安心睡吧！不用害怕。"恶王又渐渐地睡着了。长生听着恶王打呼噜的声音，心中的复仇之念，不住翻腾，不由得又拔出剑来。但一想起父亲的遗嘱，手又软了，再次把剑插入剑鞘。恶王第二次惊醒，浑身冷汗淋淋，说："我又梦见长寿王的儿子要来杀我，吓得我心都要跳出来了。今天是怎么啦？尽做噩梦！"长生说："一定是刚才那些恶鬼们还在作怪，大王不必害怕。"恶王就又躺下。长生见恶王渐渐熟睡，心中的两种念头互相斗争着，第三次拔出剑来，但想来想去，父命不可违，最后他长叹一声，把剑扔在地上，再也不打算杀掉恶王了。

这时，恶王一下子蹦起来，对长生说："真奇怪！我又做了个梦，梦见长寿王的儿子说原谅我了，再也不来杀我了。"

长生说："我就是长寿王的儿子长生。我到你身边来，实意是想杀死你，为我父亲报仇；但我父亲临终时再三叮嘱，不准我报仇。我本想违背父亲的遗嘱，非杀了你不可，但想到父亲临终时殷切的模样，又实在不忍心不听他的话，所以把剑扔在地上，决定不再杀你。我今天虽然不杀你，但今后也许会恶意再起，又来杀你，这就会使我犯下不听父命的大罪。所以我现在把一切告诉你，请你杀了我吧！这样，你从此就安全了；我也免得做了不孝之子。"

恶王听了以后，非常感动，也非常后悔，说："我做事糊涂，不分善恶。你们父子俩行为高尚，仁至义尽；而我行事残酷，还毫不自觉。今天，我的命本来已握在你手中了，但你心怀仁慈，牢记父亲的遗言，不来伤害我，我真是感激不尽。现在让我们回城去吧！可是，我们到底应该怎么走呢？"长生说："这儿的路我很熟，起先我是为了报杀父之仇，才故意引你迷路的。"说完，便领着恶王出了山林。

大臣们正在等待、寻找他们，见他们回来，十分高兴。

恶王下令准备宴席，在宴席上，恶王问群臣说："你们有谁认识长寿王的太子长生的？"大臣中有的根本不认识长生，就回答不认识；有的认识长生，也知道恶王身边的年轻人，明明就是长生，但他们都受过长寿王的恩德，唯恐说穿了，长生性命难保，因此也个个都说不认识。恶王便指着长生说："这就是长生啊！"说毕，恶王站起身来，郑重宣布：

“从今天起，我回到我原来的国家去，这个国家就交还给长生。我将与长生结为兄弟，以后若有其他国家敢来侵犯，我一定前来救援。”宴会之后，恶王便率领自己的部下，返回本国。

从此，这两个国家相互通好，和睦往来；人民也都安居乐业，享受太平。

——《六度集经》卷一《长寿王本生》

含英咀华

《长寿王的故事》让人想起另外一个故事——《宽恕比仇恨快乐》。

某天，某禅师正要开门出去时，被突然闯进来的一位身材魁梧的大汉狠狠地撞到了身上，把他的眼镜撞碎了，还戳青了他的眼皮。而那位撞人的大汉，竟然毫无愧疚之色，还理直气壮地说：“长没长眼睛啊！戴个眼镜有什么用啊！谁叫你戴眼镜的？”禅师只是笑了笑并没有说什么。大汉颇觉惊讶地问：“喂！和尚，你为什么都不生气呀？”

禅师见他颇有一点悔意，便借机开示说：“为什么一定要生气呢？又要生谁的气呢？生气既不能使眼镜复原，又不能让脸上的淤青消失，苦痛解除。再说，生气只会扩大事端，若对你破口大骂或打斗动粗，必定会造成更多的业障及恶缘，也不能把事情化解。生气不是解决问题的根本。若我能早一分钟或迟一分钟开门，都会避免相撞。或许被你这一撞就化解了一段恶缘，所以我还要感谢你帮我消除了业障呢！又怎么会生气？”

大汉听了禅师的话十分感动，他向禅师忏悔并问了许多有关佛的问题及禅师的称号，然后就若有所悟地离开了。这件事就这样过去了。后来有一天，禅师突然接到一封挂号信，信内附有五千元钱，这些钱正是那位大汉寄的。

原来这个大汉在年轻的时候不知勤奋努力，毕业之后，在事业上高不成低不就，婚后也不知善待妻子，跟妻子感情也不好，为此他十分苦恼。一天他上班时忘了拿公事包，中途又返回家去取，却发现妻子与一名男子在家中谈笑，他冲动地跑进厨房，拿了把菜刀，想先杀了他们，然后自杀，以求了断。但是因为惊慌、害怕，脸上的眼镜在回头时不小心掉了下来。瞬间，他想起了禅师的教诲，使自己冷静了下来，反思了自己的过错，决定痛改前非。改过自新后，他的生活很幸福，工作也得心应手了。特寄来五千元钱，感谢禅师以前的教诲和恩情，因为禅师的宽容，他才会有今天的幸福。

孔子告诫世人要“以直报怨”，《圣经》也告诫人们要学会“宽恕”。在校园生活中，

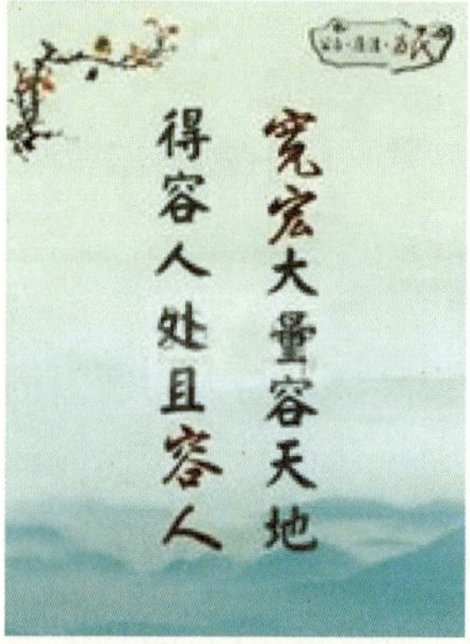

我们与各种不同性格特征、气质迥异的人打交道，要想做到“智者人际”就要学会宽恕，要懂得“宽恕比仇恨更快乐”的道理。

谢镇泽在《佛经故事启示录》中也明确告知我们：凡是受到别人不公平对待的人，大概会有两种回应的办法。一是“以其人之道还治其人之身”，二是“以德报怨”。现今的学生大多都会选择前者，你怎么对我，我就怎么对你。很少人采取“以德报怨”，认为这是没有骨气的表现。殊不知这样的方式带来的福音是无限的。这让我想起一个发生在学校的真实故事：有个很霸道的学生在洗头时，因没有洗发水向隔壁人借未果，之后他将隔壁洗漱学生从洗澡间中拉出来，暴打一顿。校方在严处之际，受委屈学生连同家长一起替那位霸道学生求情，霸道学生为此大受感动，自后完全改变。

“人之初，性本善”是我们一直相信的定理，我们相信每个人都有“善”的基因，只要有足够的力量去启动，用善和广大的胸怀去感动他人。所以面对别人的错误，有时，宽容比惩罚更有力量。宽容是对生命的洞悉，也许你的一份宽容挽救的就是一个生命。宽容其实是一条环环相扣的纽带，它让我们彼此相连，认清彼此，远离是非和仇恨，珍惜生命和身边的一切。佛在教诲世人时，会特别强调“宽容”，因为一个人如果懂得了“宽容”，很多怨恨也就自然而然地远离了你的心灵。“大肚（度）能容天下难容之事。”这句话既说明了一种胸襟，也道出了一种崇高的思想境界。

最后借用庄士成居士的一段话，与君共勉：“其实生活就像一面镜子，我们怎样面对它，它就会怎样馈赠我们。学会用超然和从容的心态宽容自己所遭遇的一切，是最佳的人生态度。我们无法左右命运，却可以选择怎么样去面对现实。所以，当遇到不幸时，一定要学会包容、宽容。因为宽容就等于爱，爱比仇恨更伟大。世间因为有爱而变得美好。”

经典心语

与人发生不愉快时让自己冷静下来。

回顾不愉快事件的前因后果。

如果是与朋友发生不愉快，用文字代替当面语言，与朋友进行沟通。

如果是不相识的人，微笑着进行沟通，不要以责问的方式去沟通。要保持谦逊诚恳。

温馨提示

与人沟通时的禁忌

禁忌与人沟通时面部表情僵硬或是变化多端。

禁忌与人沟通时盛气凌人。

禁忌与人沟通时心不在焉。

禁忌与人沟通时夸大其词，夸夸其谈。

知识徜徉

良言一句三冬暖，恶语伤人六月寒。

——《增广贤文》

礼貌是人类共处的金钥匙。

——（西班牙）松苏内吉

对人不尊敬，首先就是对自己的不尊敬。

——（美）惠特曼

谁若想在困厄时得到援助，就应在平日待人以宽。

——（伊朗）萨迪

礼貌是最容易做到的事，也是最珍贵的东西。

——（苏联）冈察尔

第二节　名人社交——智者的生活之道

原文

端庄不失英姿飒爽　彭丽媛着装受好评

彭丽媛的穿着打扮，一举一动都吸引了媒体的关注，比如说她在出机舱门的时候拿的手提包，还有她穿的大衣。关于彭丽媛的手提包，经过媒体查证，最后发现是一个位于广州的本土品牌，另外她的大衣也是这一个本土品牌出产的，所以相信也会引发本土品牌的时尚热潮。对于她第一次亮相国际场合，网友们也是有很多的热议，他们都给予了高度的评价，比如说他们觉得中国的第一夫人非常美丽大方，而且有大国的风范，是中国女性美的代表。

另外很多海外媒体也关注到了她的第一次登台亮相，觉得彭丽媛身上是集合了所有第一夫人所具备的非常优秀的品质，所以相信也会有助于中国下一步提升软实力。

此次陪同访俄，习近平主席夫人彭丽媛一身藏蓝色风衣造型典雅大气。北京服装学院服装艺术设计系主任谢平表示，此套服饰在设计上含有西式古典军服元素，整体给人的感觉是沉稳含蓄中透露出一股英姿飒爽的气质。

“立领、脖头翻开……”谢平表示，该风衣造型在现代时装款的基础上巧妙地运用了西式古典军服元素，加上修身裁剪，给人的不是一种军装所特有的硬朗感觉，而是端庄大气之派。

外交学院国际关系研究所所长、国际安全研究中心主任王帆表示，第一夫人身份特殊，承担着一种公共外交的角色，彭丽媛此次作为第一夫人出访，能够对外展示中国的软实力。

王帆认为，第一夫人的特点和爱好各不相同，她们在外交方面的表现也不相同。“第一夫人要发挥公众作用，必须有很好的公众形象。彭丽媛是歌唱家、艺术家，长期参与扶贫等活动，有很好的公众形象。此外，作为一名出色的艺术家，彭丽媛的优势是很多人无法取代的。”

王帆认为，第一夫人和元首之间是很好的有力的互补，是一种相得益彰的关系。彭丽媛作为第一夫人陪同访问，能够展示中国的软实力。

——《三峡晚报》

含英咀华

“人靠衣服马靠鞍”是人们对打扮的重要性的高度总结，从名人的着装中，人们总结出社交着装的基本原则。

一、衣服要整齐清洁

整洁是社交着装的第一要求。试想，如果一位穿着西装的男士出现在人们面前时，脚下穿着套鞋或是球鞋，再或是他的衣服起皱有污迹，衣领有油垢……你会如何看待他？

二、衣服要妥帖合身

衣服不能过于宽松或者过于紧身，在正式的社交场合要保持高雅，合身的衣服能给你的仪表加上很多的印象分。“时尚是穿出来的美感。”

三、衣服要适合时令

这点来自于“TOP”原则，就是说穿衣打扮要遵循时间、地点、场合的要求，因人、因时、因地打扮，同时兼顾个性化特点，在此基础上还要与自己的年龄、职业、身材、肤色、性格相吻合。试想一下本应青春靓丽活力四射的学生，穿着成熟性感十足的衣服，化着妖媚的妆容出现在人们眼前时，是否有一种青山绿水一去不复返的遗憾。印象分倒扣不说，落得一个“非主流”的名声。相反，本应成熟稳重的熟女，却把自己弄得跟十几岁的小妹妹一样，也是十分倒人胃口的。

四、衣服应与生活相谐

居家着便服，轻松自在；运动时着运动装；职场着职业装；约会时，男士着正装，女士着礼服裙；参加丧礼或吊唁亡者，衣着朴素简单，男士应着深色西服，系黑色领带，女士应穿黑色套裙、素服，并且女士不化妆，不涂艳丽口红和指甲油。

经典心语

如何选出适合自己肤色的服装色彩

将不同的颜色放在自己脸下，然后仔细对比观察自己的脸色。

平时逛店时不要放弃大胆试穿的机会，自信而从容地尝试不同风格、不同色彩的服装。

不要对色彩有先入为主的偏见，认定某种颜色不适合自己，从不问津。

温馨提示

发型与服装的协调搭配

与西装相适应的发型：无论直发还是烫发都要梳理得端庄、艳丽、大方，不要过于蓬松，并且可以在头发上适当抹点发蜡，使之有光泽。

与礼服相适应的发型：可将头发挽在颈后结低发髻，显得庄重、高雅。

与运动装相适应的发型：可将长发高束，或者将长发变成辫子。

与裙装相适应的发型：外露较多的可披发也可束发；“V”字领，可盘发。

知识徜徉

着装的“TOP”

所谓的“TOP”是英语中“Time、Occasion、Place”三个词的缩写字母，意思是“时间、地点、场合”。

（1）仪表服饰随时间变化。这里有三层含义：一是指季节变化；二是指人的年龄递增；三是指时代的变化。

（2）仪表服饰随地点变化。这里的地点是环境，是繁华的都市或是边远乡村？是豪华宾馆还是海边小屋？是晚宴舞厅还是运动馆？…… 此时的人、服饰、环境必须保持和谐相称，否则环境会排斥格格不入的你。

（3）仪表服饰随场合变化。这里的场合指的是特定内容下的对象及气氛。上班或居家，红事或白事，商务谈判或交际约会等都有不同的形式、目的和与之相配的着装要求及约定俗成的礼仪规则。

原文

为了维护良好的公众形象，好莱坞明星各有招数

一、把自己当成商品一样推销出去

代表人物：克里斯·埃文斯、克里斯·帕拉特。

“美国队长”克里斯·埃文斯全副武装，带上其标志性盾牌，与另一位在《银河护卫队》里饰演“星爵”的克里斯·帕拉特，近日一起去探望了西雅图儿童医院。和两位银

幕上的英雄明星近距离互动，孩子们非常开心，英雄们也觉得此行获益匪浅。埃文斯最想说的是："见到了真正的超级英雄（指那些和病魔抗争的孩子）"。

穿着一身电影里的行头去访问儿童医院，并不是什么新鲜事，此前已有许多好莱坞明星做过。除了常见的给孩子们送温暖，大牌明星们为了塑造自己的公众形象，拉近与大家的距离，都会费尽心思用尽各种方法。

明星的公众形象究竟有多重要，值得他们如此努力地经营？美国波士顿的一家专业名人形象咨询公司解释说："明星要把自己想象成一件商品。如果这件商品不受大家欢迎，就根本卖不出去。"

二、行善派

代表人物：琼·邦·乔维、拉塞尔·布兰德。

作为世界上最成功的摇滚歌手之一的琼·邦·乔维，去年在自己的家乡新泽西州开了一家"灵魂餐厅"。他开设这家餐馆不是为了钱，可以说正如其名，是为了"灵魂"。餐厅的菜单上，一概没有标价，食客们可以选择捐款，或是用对应的义工服务小时数，来为享用的美味买单。

英国喜剧明星、同时也是"水果姐"凯蒂·佩里前夫的拉塞尔·布兰德，也在洛杉矶街头做着类似的事情。他和流浪汉们简直就是朋友——带他们去吃早饭，跟他们一起闲逛聊天，甚至还让他们在自己家里过夜。虽然有许多流浪者都有精神方面的疾病，但是拉塞尔觉得和他们交流能得到很多意想不到的信息，"他们就像是活在条条框框之外"。

三、空降派

代表人物：约翰尼·德普、魔力红乐队。

和“美国队长”、“星爵”一样，约翰尼·德普也会在戏外扮成自己主演的经典电影《加勒比海盗》里的杰克船长。只是，“杰克船长”不仅出没在儿童医院，还时不时会悄无声息地出现在美国的迪士尼乐园，给游客们签名。如果收到粉丝的来信邀请，他同样可能“空降”——英国9岁的小女孩德拉普给德普寄了封信，她希望这位英雄能帮助大家抗议学校布置了太多作业。德普真的就变身杰克船长，带着其他几位“海盗”，出现在了她的学校。

摇滚组合魔力红乐队也曾“空降”过，不过，这些“不速之客”闯入的，是多对新人的婚礼现场。新人们对乐队的到来完全不知情，而现场的真实反应，也被录进了魔力红新歌《Sugar》的音乐录影带中。

含英咀华

俗语说：“金杯银杯不如别人的口碑”。这个“口碑”就是“公众形象”。其实不只是名人才有公众形象，任何一个人都应该有自己的公众形象，并注重甚至学会包装这个公众形象。

拥有一个良好的公众形象，自然拥有好的评价。现今社会文明进程已经被一种强大的西方文雅传统所推动，一大批有知识、有教养的名人们以其绅士淑女风范引领社会潮流。一个人如果形象粗鲁，魅力就变成了俗气，那么在与人交往中自然就处于下风，在人生道路上无论是事业还是生活都会受到阻碍。

经典心语

如何保持公众形象

注重自己的仪表，保持清洁卫生。

注意着装打扮，不穿与场合不符的服装，公共场合注意个人修养。

优美端正地坐，优雅端庄地站，清逸自然地走。

好声好气地说话，说雅语，说话讲原则，谈吐有禁忌，微笑挂脸上，善于聆听。

多读好书，多看报，学会自我增值。让涵养丰满心灵。

注重餐桌礼仪，做餐桌上的优雅贵族。

温馨提示

优雅的女士，千万别在公众场合有下列的举止。

（1）拉袜子。袜子有时会卷曲脱落到膝盖下面，不管是长裙还是短裙，不能直接撩起裙子，直接往上拉袜子。

（2）弄背带。不能把手从领口伸进衣服内去拉内衣背带。

（3）扇腋窝。不能不顾场合擦拭腋窝的汗水或者长时间不停地扇腋窝。

（4）不顾别人感受，失声大笑，一个人滔滔不绝，说长道短。

（5）在众目睽睽之下涂脂抹粉，忸怩作态。

知识徜徉

一个品质高尚的人，永远是年轻和美丽的。

——冯雪峰

美，首先征服人的感官，然后才是人心；优雅，首先征服人心，然后才是人的感官。

——汪国真

一个人的礼貌就是一面照出他肖像的镜子。

——（德）歌德

在缺乏教养的人身上，勇敢就会成为粗暴，常识就会成为迂腐，机智就会成为逗趣，质朴就会成为粗鲁，温厚就会成为谄媚。

——（英）洛克

小时候看人是好看、不好看。现在看一张面孔，便全是内容。

——曹明华

人的相貌是天生的，仪表却是后天的，它或者可以同时理解为魅力、风度。

——程乃新

从生活中去发现人的精神和体态美，这是一种高尚的、典雅的、无邪的美。

——华君武

原文

梁羽生的“舍得”交际

金庸与梁羽生同为新派武侠小说大家，被赞为“一时瑜亮”。然而两人互不服气，打了几场“笔墨官司”。在20世纪60年代，梁羽生的地位和影响一度超过金庸，他的作品被改编成电影、电视剧，无论在量还是质上都略胜于金庸一筹。就在双方“粉丝”热烈争论梁金到底谁是“江湖第一人”，闹得不可开交时，梁羽生自己却舍弃了这个名号，他坦率地说：“我是全世界第一个知道金庸比梁羽生写武侠写得更好的人。”

后来，梁羽生与金庸一起参加一个武侠小说研讨会，席间有人把梁羽生称作新武侠小说的宗师，他却再一次提到金庸：“我顶多只能算是个开风气的人，真正对武侠小说有很大贡献的，是金庸先生……有人将他比作法国的大仲马，他是当之无愧的。”金庸连说不敢当，自此两人冰释前嫌，成为肝胆相照的朋友。梁羽生“舍”虚名“得”友谊启示我们：与人交往，有“舍”才会有“得”，在不吝舍弃的同时，我们也会得到别人的友谊与回报。

经典心语

有人说：当你紧握双手，里面什么也没有；当你打开双手，世界就在你手中。懂得舍，才能在有限的生命里活得充实、饱满、旺盛！

“舍·得”是一门哲学，是一种智慧。在现实生活中，人们往往更喜欢后者，总是选择先得之利，最好不要有前面的“舍”。这有个有趣的故事：有个小孩，伸手到一个装满坚果的瓶子中，当他想把手收回来时，手却被瓶口卡住了。他既不愿意放弃坚果，又不能把手从瓶子里拿出来，急得满脸通红，最后只得哇哇大哭。

人的一生很短暂，在整个生涯中，不可能方方面面都顾及，可往往又有很多诱惑和炫彩在眼前，这时就要懂得“舍”，才能最终“得”。梁羽生懂得“舍”掉虚名，得到了金庸的友情外，还得到世人对他的一致好评，让他拥有良好的口碑。

“塞翁失马，焉知非福。”错过了太阳，不要气馁，因为我们会拥有繁星；错过了一朵小花，不要哭泣，因为我们会拥有整个花园；错过了簇锦春天，不要悲伤，因为我们会迎来成熟的秋天……

温馨提示

不要吝啬你的笑容，在社交场合中，要舍得微笑，才会带来好感，增加友好度。

（1）将目标定的长远一些，舍得眼前的小利。

（2）珍惜已经得到了，不必去怀念已经舍掉的东西。

知识徜徉

社交场合中的“金科玉律”

没有亲眼所见，就不用急着用你的嘴巴来证明。

对不知道的事，直接说“不知道”才是最轻松的。

如果别人朝你扔石头，就不要扔回去了，留着做你建高楼的基石。

人红是非多，如果你斗不过“是非”，不如暂时放弃“当红”，以退为进。

忍得了就忍，忍不了就改变，改变不了就认了吧。

遇事缓一缓，说话停一停，很多东西便会清晰。

发射自己的光，但不要吹熄别人的灯。

莫与小人为仇，小人自有对头。

不盲目骄傲，不刻意渺小。

每个人总有不愿意公开的秘密，千万不要苦苦相逼。

有些事，很多人都在做，你不做，不代表你错了。

求神不如求人，求人不如求己，求己不成还要求人。

果实熟透了才可以采摘，思考沉稳了才能充分表达。

当你意识到自己错了，你还是对的。

沉默是反击无耻的无声风暴，愤怒是抗击外辱的有效“自残”。

别把自己不当人，别把自己太当人。

心中有敌，天下皆为敌；心中无敌，无敌于天下。

欲胜人者先自胜，欲卑人者先自卑。

许多人在重组自己的偏见时，还以为自己是在思考。

你无法判断别人是好人还是坏人，但你自己可以做一个好人。

“没有完人，只有完蛋”，所以一定要有缺点。

忍得一时风亦静，容得万事心自清。

有招请亮招，没招别出手。

与其说别人让你痛苦，不如说自己的修养不够。

诺不轻信，故人不负我；诺不轻许，故我不负人。

如不识货，一时穷；如不识人，一世苦。

不要去欺骗别人，因为你能骗到的人，都是相信你的人。

笨人的自知之明在于，他能巧妙地运用其傻劲。

心中装满着自己的看法与想法的人，永远听不见别人的心声。

了解你的人未必是关心你的人，也许他只是个聪明人。

不要急于表达自己，那不是有见地的体现；也不要急于否定别人，和谐共存才是生存之道。

伤害你的人不是比你强大就是比你弱小。如果他比你弱小，宽恕他；如果他比你强大，宽恕自己。

如果你想走到高处，就要使用自己的两条腿，不要让别人把你抬到高处，不要坐在别人背上。

做人要自信，但不能自信得过于狂妄；

做人应低调，但不能低调得失去了自信。

社交之所以累，是因为都想表现出自己其实并不具备的素质。

原文

吃亏是福

休斯顿35岁时，在斯图尔市的闹市区租了房子，准备发掘自己人生的第一桶金——从事水果批发生意。

在此之前，休斯顿在一家小公司干了7年的仓库保管员，没有任何的生意经验。但他不想一生都为别人打工，他想自己做老板，干一番事业。

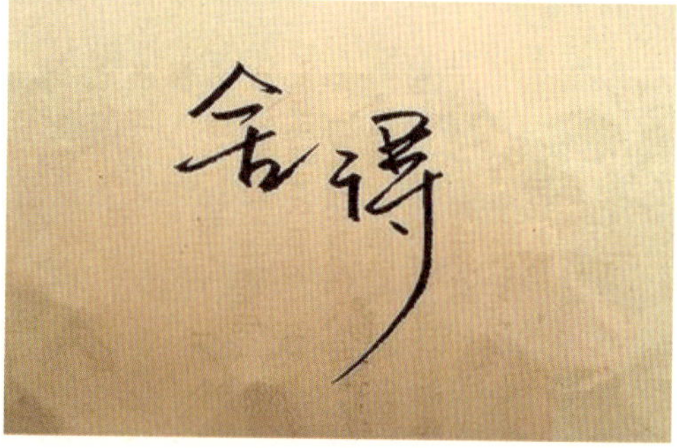

谁也没想到，休斯顿的水果批发生意异于常人，他经营的所有水果价格均是全市最低价。本来，质优价廉未尝不可，但业内的人都吃惊于一点——休斯顿的水果批发价格之所以能做到行内最低，那是因为休斯顿的水果全部都是以零利润出售的。也就是说，休斯顿不仅赚不到钱，还要每月赔上房租、水电等费用。

休斯顿果真是没有任何生意经验的人，居然会做出这样的傻事。面对同行的嗤笑和亲友的质问，休斯顿从不多作解释，始终坚持以零利润经营水果生意。更让人吃惊的在后头，休斯顿又将自己7年的工作积蓄全部取出来，在斯图尔市涉足首饰加工业和服装干洗业。而且，价格上仍然是以零利润经营。

所有人都认为休斯顿是脑子里哪根筋出问题了——世间哪会有人这么傻？不可否认，休斯顿所经营的生意，无论是水果批发，还是首饰加工和服装干洗方面，从来都是顾客最多、生意最为繁忙的，但谁都清楚一个不争的事实，那就是在顾客络绎不绝、一派繁华的背后，是休斯顿必须付出不断赔本的代价。很多人预测，休斯顿撑不了多长时间。

事实印证了人们的猜想，一年之后，休斯顿停止了自己所有的生意，将所有的店面都关停了。

之后，休斯顿迅速筹措了资金，居然又新开了一家店面，而且是全市除他之外绝无第二家的店面——经营中国什锦。这次，休斯顿改变了零利润的经营思路。

休斯顿的中国什锦生意并没有让人们继续看笑话，从开业之初，美丽的中国什锦首先吸引了消费者的眼球，加之品种繁多、质量优异，休斯顿的什锦之路一天比一天宽广。

不到半年时间，他就连开了5家分店，且生意都非常兴隆。有人嗅到了商机，看着休斯顿的什锦生意眼红，也开类似的店面，但他们都奇怪地发现，几乎所有购买什锦的客户都集中在休斯顿的店里，很少光顾别家。无奈，他们只得草草收场。

很多人都在为休斯顿感到幸运，称他这个“成事不足，败事有余”的小子在什锦上却“瞎猫撞上了死耗子”。其实，真正的秘诀只有休斯顿知道：自己的成功并非是他们所说的“幸运”，而是完全靠自己高超的经营智慧和对人性的精确掌握。

原来，休斯顿从创业之初就决定做中国的什锦生意。只不过，他清醒地认识到，要想让当地民众认可中国什锦且能让自己将什锦生意做大做强，除了产品的质量和价格外，还必须打出属于自己的个人品牌。因此，休斯顿先在前期以零利润的经营方式博取民众的深刻印象。时间一久，所有消费者的潜意识里就有了一个自我暗示：休斯顿出售的东西，价格都是最优惠的。在行内人看来，休斯顿“零利润”背后是不断地损失，而在消费者心目中，“休斯顿”三个字俨然已经成为最实惠的品牌代言。

休斯顿的零利润经营方式貌似很傻很愚笨，但经过了他聪明的市场运作和对人性的精确分析，却成了绝妙的智慧体现：眼前的损失是暂时的，个人的品牌和实在的长期回报才是真理。

含英咀华

生活中往往有这样的人，与人交往时，一门心思只考虑不能便宜别人，于是凡事都去争，去吵，去闹，最后弄得自己原本应该得到的也没有了。商家们经常会搞一些促销活动，也是这个道理，人们都知道商家搞活动，实际上亏不了，但还是乐于参加活动，因为人们已经有心理暗示了：促销活动要么就比平时的价格便宜，自己可以省一些，要么就是附送的东西，觉得是白送的。认为自己没有吃亏，其实他们也并没有占到很多好处。

其实，吃亏并不是要求人们时时刻刻都处于“委曲求全”不争不抢的状态。吃亏也是需要讲究的。首先，要不怕吃亏，像休斯顿一样，但要把亏吃在明处，让受益方知道你为他吃了亏，就会达到：“投之以木瓜，报之以瑶琚”。

社交生活中也一样，人与人的相处一定会涉及利益之间的碰撞，有的人为了息事宁人，往往吃暗亏，结果吃了也是白吃，受益人或许根本不知道，或者受益人根本就不领情，最后弄得自己心情郁闷，更让人误解其心胸狭窄。所以要学休斯顿吃亏在明处，让他人知道，你不怕吃亏，这样不仅可以赢得受益者的感激，还可以赢得他人的感动和认可，因为表面上他是得益了，但他内心深处知道欠下了一个人情，而你表面上是吃亏了，但却因为宽容，而内心坦然。

经典心语

以让步换收获

选择合适的时机让步。这里的让步不同于“宽容”，这里的“让步”是带有目的性质的。所以这个“让”要在明处，并且择机告诉对方，你让步是需要换取一些你需要的东西。不能太晚太早，更不能太直白或是太隐晦。

明确让步的幅度。不能毫无原则地让步，反而让对方没有了信任感。不能采取一味妥协的退让姿态，采取细水长流的方式，再“放大”这种让步，渲染“让步”这个决定的艰难度，使其更具有价值。

在双方意见冲突时，在姿态上作出一定的让步，平静耐心地让对方说完，缓和气氛之后，再有针对性地发表自己的观点。

温馨提示

人与人之间的交际守则

不要看不起对方，要适度赞美。

不要气焰嚣张，凡事高人一等，要平易近人，亲切自然。

不要以己度人，妄自下判断，要从事实出发，客观公正。

不要安装势利眼，要平眼看人。

不要一味索取，要相对付出。

不要背后论人是是非非，要紧闭嘴巴，守口如瓶。

不要尖酸刻薄，眼中容不下沙子，要宽容待人，多看别人的好处。

知识徜徉

五分钟和陌生人成为朋友的 soften 法则

软化（soften），是一种非言辞姿态，它使你更容易接受和被接受。

s＝smile 微笑，手捂着嘴或手捂着嘴笑或支着下巴的动作，是典型的“思考者的姿势”，试问你会去打扰一个正在深思的人吗？

o＝open arms 张开的双臂。交叉的双臂使你看上去紧张、焦虑、疑惑，而这些都会使他人不愿意靠近你或者在和你交谈时感到不自在。交叉的双臂表明“离我远点”“我已经决定了”；张开的双臂表明“我愿意和你接触并愿意听你说话”“过来吧，我们一起聊聊”。

f＝forward lean 身子前倾，身体轻微前倾表明你正在听对方讲话并对其很感兴趣。

t＝touch 接触，两个陌生人初次见面最容易接受的接触是一个热情的握手，在和他人打招呼时，要首先伸出你的手，同时一句友好的“你好”，伴以甜美的微笑并介绍你的名字，这样你就为打开与他人的交谈通道迈出了第一步。

e＝eye contact 眼神交流，n＝nod 点头。

肢体语言＋语调＋用词＝整体沟通，进行肢体语言练习并有意识地使用肢体语言，你将能够发出接受的信号，从而鼓励他人靠近你，让他人觉得自在。

开始交谈的五个基本步骤

大胆面对拒绝，首先打招呼。

惯用话题，根据当时情况和对方特点问一些让对方容易回答的问题。

极度聆听，认真聆听才能知道接下来你该说什么。

搜寻信息，基于你已经获得的信息提问搜寻更多的信息。

展示自我，当你询问他人一些你感兴趣的问题时，也向他人充分介绍自己这方面的情况。

五秒获得成功

第一秒集中注意力听他人介绍。

第二秒不要考虑说什么，注意听对方的名字。

第三秒大声重复听到的名字。

第四秒想想在你认识的人中有没有同名的。

第五秒在交谈过程中和结束时称呼他的名字。

第二节　网络社交——小人物也能办成大事

原文

《社交网络》

美国第一大社交网站 Facebook，尽管在中国大陆被禁用，但这并不影响它的知名度。它横跨七大洲，世界上的各大学校都有它一大批的忠实用户。电影《社交网络》正是根据纪实小说改编而来。2003 年秋，哈佛大学，恃才放旷的天才学生马克·扎克伯格被女友甩掉，愤怒之际，马克利用黑客手段入侵了学校的系统，盗取了校内所有漂亮女生的资料，并制作名为“Facemash”的网站供同学们对辣妹评分。他的举动引起了轰动，一度导致哈佛服务器几近崩溃，马克因此遭到校方的惩罚。正所谓因祸得福，马克的举动引起了温克莱沃斯兄弟的注意，他们邀请马克加入团队，共同建立一个社交网站。与此同时，马克也建立了日后名声大噪的“Facebook”。

经过一番努力，Facebook 的名气越来越大，马克的财富与日俱增。然而各种麻烦与是非接踵而来，昔日的好友也反目成仇……

含英咀华

网络社交最大的特点就是“虚拟”，人与人之间的交往不再像现实交往中那样面对面，网络社交初期也就有了一个现象叫做“见光死”。因为“口说无凭”的特点，人们在网络社交中往往将自己高大完美化，渐渐地导致了网络道德感的弱化现象，也就呈现了无约束或低约束的状况。在日常生活中被压抑的人性中恶的一面就在这种状况下得到宣泄。随着网络的飞速发展，人们渐渐将虚拟世界中的糟粕也吸收了，对传统的道德观形

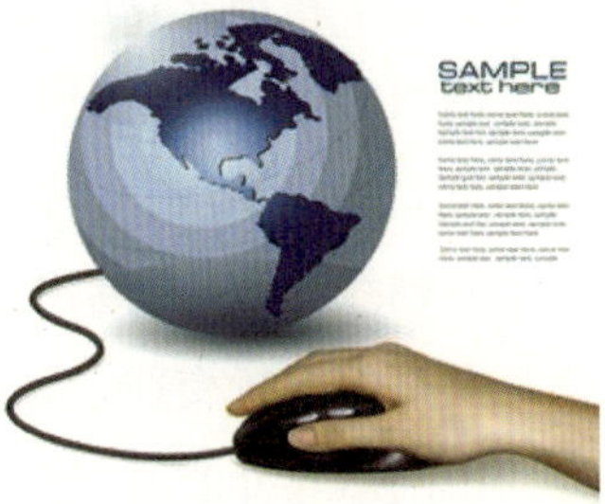

成严重的冲击，而且网络社交中的言语是绝对自由化，无论是谁都可以随心所欲地发表看法，甚至侮辱性质的。所以，人们也开始重视网络社交文明，甚至有个专门的网络监管部门：“网警”。所以规范网络社交礼仪是势在必行的：

不在网络社交平台中，发布不诚实，夸大其词的言语或者图片。

不在网络社交平台中，有意无意地中伤抹黑他人。

不在网络社交平台中，粗言秽语，展示不健康内容。

不在网络社交平台中，漫天广发强行推销产品。

利用网络社交平台，也要展现“风度、宽容、感恩”等一系列内在修养。

经典心语

如何做一个高尚的网络社交人

（1）具有高度的自律性，自觉遵守网络道德。

（2）在网络中宣传正能量的东西，传递真善美。

知识徜徉

网络社交的兴起

互联网导致一种全新的人类社会组织和生存模式悄然走进我们，构建了一个超越地球空间之上的、巨大的群体——网络群体，21 世纪的人类社会正在逐渐浮现出崭新的形态与特质，网络全球化时代的个人正在聚合为新的社会群体。

在此新时代中，信息网络将会是未来社会的神经系统，而其对整个社会与个人生活的冲击，将远高于传统沟通设备所带来的影响。不管你认为 Internet 联结起来的是什么具体事物——电脑、资源，还是说 Internet 作为一种媒体，我们都不能忽视主体——人的存在。可以说，Internet 联结起来的是电脑，其中流动的是信息，开发出来的是资源，但吸引的是电脑前面的人。在本质上它是一种“人”的网络。如果说 Internet 是一种媒体，那么，它的“人文”层面更是不可忽视——有离开人的媒体吗？

以互联网为基础的交往，则有可能既是直接地（通过网络技术直接地互动）、又是全

面地包括了精神文化层面的内在交往。这意味着，网络时代的人类交往冲破了工业社会交往的限度，一方面是人们通过网络间的混合纤维、同轴线缆、蜂窝系统及通信卫星的信息传播而及时地进行交往，这种形式无须商品的中介而由网络媒介直接地连通起来；另一方面，这种交往形式又具有一种精神的内在化特质，过去那种“电脑—服务器”模式正在向“网络—用户”模式转切，网络交往实质上是一种联结不同网络终端的人脑思维的虚拟化、数字化的交流和互动。

可见，新生的网络社会具有不同以往任何社会形态的两面性，它是由人类、民族、国家、社会、个人这些众多的“网”环环相扣、错综复杂地交织而成的。

随着 Friendster. com、Orkut. com、Ryze. com、Tribe. net、Linkedin. com 等网络社交网站的兴起，网络社交蓬勃发展，新的互联网热再次升温，有分析人士甚至说，网络社交将缔造人际交往的新模式。以 Friendster. com 为代表的网络社交网站自 2003 年 3 月悄然问世后，在随后的一年多时间已风靡全美。当时，Friendster 拒绝了 Google 的 4 000 万美元收购计划，因为据估计 Friendster 的市值超过 5 000 万美元。对于一个刚刚发展起来的网站来说，这不能不说是一个奇迹。

据美国互联网调研公司 Com Score 调查显示，全球范围内使用社交网络的人数越来越多，从 2007 年的 4.64 亿增长到 2008 年 6 月的 5.8 亿，增长了 25%，在美国有 250 家网络社交网站或公司。2008 年一觉醒来，中国 SNS 网站（网络社交网站）似乎遍地开花。成立于 2005 年 12 月的校内网无疑是国内最早的追随者之一。海内网、开心网、天际网、51 社区……中国瞬间冒出为数众多的 SNS 网站，网络社交声势极为浩大。700 万人拥有 Friendster 网站的账号，另外，每周还有 20 万的新用户加入；搜索引擎 Google 公司旗下的 Orkut 网站的用户正以每周 10%的速度增长着；MySpace 网站的使用者达到了 200 万；多达 1 600 万人在 Tickle 网站注册。网络真正形成一个社会，而不仅仅是一种新媒体、新商务和新的交流方式。最大的特征就是个人成为互联网的主体，具体地说，未来每个人，除了在现实生活中的自己，在网络上都有一个自己的代表，在网络上能够体现你的个性、你的思想、你的各种信息，同时也可以随时与你

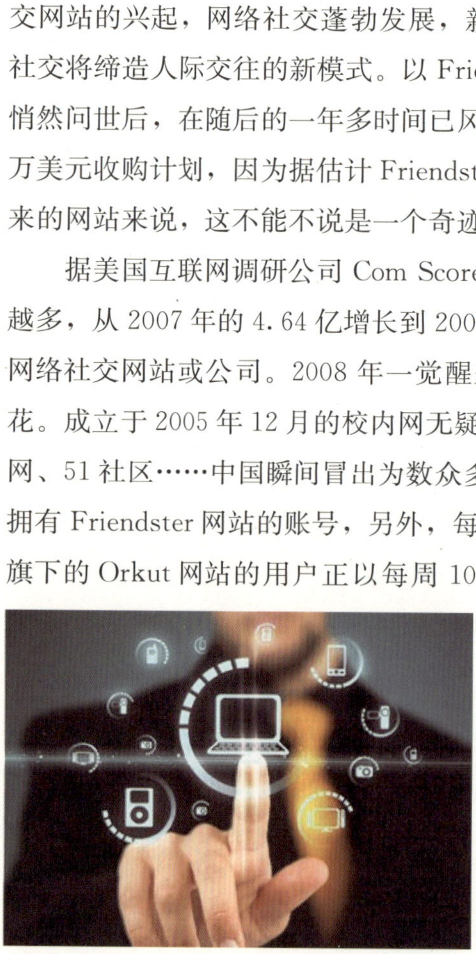

沟通交流，每个人都成为互联网的一个“节点”。

网络社交平台的类型

（1）娱乐交友型。国外知名的如 Facebook、YouTube、MySpace，国内知名的有猫扑网、优酷网、青娱乐等。

（2）物质消费型。涉及各类产品消费、休闲消费、生活百事等活动，比如口碑网和大众点评网，均以餐饮、休闲娱乐、房地产交易、生活服务等为主要话题。

（3）文化消费型。涉及书籍、影视、音乐等，例如国内知名的豆瓣网，主要活动是书评、乐评等。

（4）综合型。话题、活动都比较杂，广泛涉猎个人和社会的各个领域，公共性较强。例如人民网的强国社区以国家话题的交流影响较大；天涯社区是以娱乐、交友和交流为主的综合性社交网站；知名的百度贴吧话题更无所不有。总的来说，所有社交网站都以休闲娱乐和言论交流为主要特征，最终产物都是帮助个人打造网络关系圈，这个关系圈越来越叠合于网民个人日常的人际关系圈。借助互联网这个社交大平台，网民体验到前所未有的“众”的氛围和集体的力量感。

原文

所谓的“网恋”

所谓网恋，就是一根电话线，两颗寂寞心，三更半夜里，四目不相见，十指来传情。

所谓网恋，就是电脑与电脑诉衷肠，键盘与键盘说情话，鼠标与鼠标谈恋爱。

所谓网恋，就是聊天时“让我的爱飘过你的网”，就是停电时“我寂寞的心只有你最懂”。

所谓网恋，就是聊天室爱情。聊天室是爱情超市，总有一件任你挑选。

所谓网恋，就是 QQ 上的爱情。QQ 上的头像如繁星，总有一颗为你点亮。

所谓网恋，就是 BBS 上的爱情。BBS 弥漫万千风情，总有一番情怀为你敞开。

所谓网恋，就是一款软件。这款软件具有练习打字的功能，网恋也许成不了爱情专家，应聘打字员岗位应该不在话下。

所谓网恋，就是一项游戏。此项游戏简单易行，两个 ID，各备鸡、猫、鼠一只，然

后反复击打键盘，便可体验心跳的感觉。

所谓网恋，就是一种病毒。这种病毒发作时，开机容易关机难，并反复出现“我爱你我爱你我爱你”之类的乱码。

所谓网恋，就是健身方案。网恋长路漫漫，不用打球跑步，便可达到锻炼之效；恋途崎岖险峻，不用吃苦登高，便可领略瑰丽风景。日久则成钢铁之躯，百毒不侵。

所谓网恋，就是瘦身计划。一种相思，两处闲愁，为伊消得人憔悴。网恋之美在于距离，而现代人以瘦为美，反证网恋之正确性与必要性。

所谓网恋，就是一种运动。且看早起跑步之人，有胖人有瘦人，胖的想瘦、瘦的想胖，想想真是费劲，不如大家都来搞网恋。“开展网恋运动，增强人民体质。”

所谓网恋，就是以屏幕当花月，一个人哭笑悲喜。

所谓网恋，就是站在镜子之前，面对自己谈情说爱。

所谓网恋，就是一场爱情预演，或者爱情温习。

所谓网恋，就是只爱一点点，只爱陌生人，只爱不言婚。

所谓网恋，就是见光死，不见光也死。

所谓网恋，就是煎熬！就是美好！

所谓网恋，就像一艘小帆，在大海里，永远靠不了岸！

含英咀华

网络的虚幻成就了网恋的魅力，很多人认为网恋可以实现梦幻中的浪漫，在网络交友平台中流连忘返。在这里要强调，对于没有把握的网恋不要付出100%的心血，天真地深陷网恋不可自拔。有人说真的有网上情人变成了现实生活中的情人，并且相处得不错。殊不知，那是在双方相互坦诚的基础上，无论是照片还是一些资料信息，都是真实可靠的，而双方见面后，与网络中信息没有多大的差距，自然就能接受现实中的对方。但我们要知道，并不是所有的网恋转化到现实生活中，都是浪漫爱情故事美好的结局。所以，网上的人许多都戴着面具，在网络上你喜欢的他，现实中可能完全是另外一个人。

痞子蔡说：网络会产生三种人。第一种人会在网络上变

成他“不可能”成为的那种人，第二种人会在网络上突出他的次要性格，第三种人会在网络上变成他“希望”成为的那种人。

面对网恋，谨慎行事，牢记：网恋人多，但成功率低。

温馨提示

网恋不要做的事

（1）上传扭曲过度的自拍照。

（2）谎报年龄。

（3）以貌取人。

（4）很快向人袒露心扉。

（5）大谈你的恋爱史。

（6）觉得天下没有好人。

（7）把网友与前任恋人作比较。

（8）怕东怕西。

知识徜徉

国内的社交网站

多功能大众化社交：百度空间

基于职业人士的社交网站：天际网、环球人脉网、优士网

基于企业用户交流、分享的社交网站：用友企业社区

基于学习、互动、分享的社交网站：yaya家园

基于大众化的社交：QQ空间、布谷森林

基于生活化、实用化的社交网站：众众网

基于各类生活爱好：豆瓣

基于白领用户的娱乐：开心网

基于白领和学生用户的交流：人人网、朋友网

基于未婚男女的婚介：世纪佳缘、百合网、珍爱网

基于地方化的交流：南京族

基于年轻用户的交友：51

基于原创性文章：新浪博客

基于位置信息的社交：麦乐行

基于个性化交友页面：阔地网络

基于信息的快速分享：新浪微博

基于标签社交分享：易寻

基于社会化问答网站：即问即答网

【参考文献】

[1] 姚娟．修养何来．北京：中国画报出版社，2007.

[2] Leo Tolstoy. 世界经典寓言的生活启示．萧菲，译．北京：现代出版社，2003.

[3] 陈亚慧．人生黄金法则．沈阳：辽海出版社，2013.

[4] 廖志军．低调做人的哲学·低调做人的方法．沈阳：辽海出版社，2014.

[5]《经典读库》编委会．心灵鸡汤——小故事正能量．南京：江苏美术出版社，2013.

[6] 宋涛．会说话社交高手．沈阳：辽海出版社，2009.

[7] 赵禹翔．学做绅士与淑女．北京：中国画报出版社，2007.

[8] 汪建民，丁子予．识人的五项修炼．北京：中国华侨出版社，2009.

[9] 胡宝林．会说话，会办事，会做人．北京：华文出版社，2010.

[10] 思维与智慧，2012，21.

[11] 三峡晚报，2013-03-26.

[12] 杭州网新闻中心文体新闻，2015-03-12.

第三章

职场篇：长风破浪会有时，直挂云帆济沧海

职场是什么？职场就是我是谁、做什么、怎么做、做最好。这 12 字精辟地概括了一个人职业生涯的全过程。想要成功地经营自己的职业生涯，就必须清楚这 12 字的内涵。

“我是谁”指每个人对自己性格和能力的确切认知。在进入职场之前，必须认真地进行自我分析。清楚自己的优势，以便能够充分发挥；明白自己的缺点，以便回避甚至弥补自己的不足。“做什么”即确定到底要做什么工作，给自己一个目标定位。“怎么做”即为了实现目标所需要做的一系列准备。它是具体措施，是一个长久的计划。过程中一定是尽最大的力量，它是责任心、忠诚度、团结力等一系列综合素养的体现。“做最好”即努力将自己所做的事情做到最好。

清楚我是谁、做什么，你将找到自己喜欢且适合的工作；懂得怎么做、做最好，你就能在职场中顺利前行并实现自我价值。更为重要的是，将来进入职场后，你会过得快乐。而本篇章，将帮助你做到这些。

本篇章由四小节组成：职场礼仪、职场社交、职场心理、职场规律。通过一系列故事，吸取经验，为即将启程的职场之旅做好准备，使自己成为职场中左右逢源的人。

第一节　职场礼仪——人无礼则不生，事无礼则不成

原文

美国总统候选人梦碎电视辩论：尼克松因形象输给肯尼迪

电视辩论是美国大选中一道独特的风景：候选人在镜头前唇枪舌剑，展示政治智慧和个人风采，为自己赢得选票。许多人认为电视辩论是美国总统选举过程中最具观赏性的环节，但对候选人而言，这无异于“面对几千万考官的求职面试”，稍有不慎就会前功尽弃。在过去的半个多世纪里，许多候选人就是因为在这个环节出了差错，最终“倒在白宫门口”。

1960 年 9 月 26 日，在芝加哥哥伦比亚广播公司的一个电视直播间里，总统候选人理查德·尼克松和约翰·肯尼迪站在摄像机和聚光灯前，进行了美国总统竞选历史上第一次电视辩论。

尼克松当时是美国副总统，肯尼迪不过是马萨诸塞州一名资历尚浅的参议员，此前许多人认为这将是一场一边倒的竞赛——经验老到的尼克松肯定会胜出。但电视屏幕改变了一切，当时尼克松刚动过膝盖手术，脸色苍白，身体消瘦，还发着烧；肯尼迪则刚刚参加完加州竞选活动，肤色黝黑，活力四射。上台前两人都没有请专业化妆师化妆，但肯尼迪的助手帮他简单地“润了润色”，尼克松则随便抹了点男用粉底霜，结果在电视上显得脸色更加苍白。

如果你在广播中收听这场辩论，你会认为两个人旗鼓相当，不分高下。但电视观众们看到的却是另一番情景——一脸憔悴的尼克松 PK 阳光活力的肯尼迪。当年参加现场直播的桑德尔·范奴克回忆说：“我注意到副总统嘴唇附近满是汗渍，肯尼迪则非常自信，光彩照人。”对比如此鲜明，观看直播的 6 500 万美国人几乎立刻就能决定要把选票投给谁。虽然此后两人又进行了三场电视辩论，但已经无关紧要了。美国东北大学专门研究总统辩论的新闻学教授阿兰·施罗德指出：“肯尼迪在第一场辩论中就确立了压倒性优

势，尼克松想要翻盘是极其困难的。”事后肯尼迪也表示，如果没有电视辩论，他很难入主白宫。也许是这次失利在尼克松心里投下了太长的阴影，在 1968 年和 1972 年的总统选举中他都拒绝参加电视辩论，所幸并未影响他最后成功当选。

——《人民网—环球时报》

含英咀华

在总统职位争夺战中，尼克松和肯尼迪在全美国电视观众面前举行了他们的第一次辩论。大多数评论员都预测：素以经验丰富的“电视演员”著称的尼克松，必将打败比他缺乏电视演讲经验的肯尼迪。但结果是尼克松因视觉形象而败给肯尼迪。后来一位历史学家这样形容尼克松：“他让全世界看来，好像一个不爱刮胡子和出汗过多的人带着忧郁在等待着电视广告告诉他怎么不要失礼。”

由此可见，在职场中个人外在形象的重要性。人的外在形象是个人礼仪的重要组成部分，也是你显示自身价值的一种重要方式。达·芬奇说：“从仪态了解人的内心世界，把握人的本来面目，往往具有相当的准确性与可靠性。”在职场活动中，穿衣打扮、言谈举止等外在形象会出现在他人眼里，并留下深刻的印象，进而影响他人对你的评价以及他人对你的重视与信任程度。可以说，一个职场人外在形象的好坏，直接关系到他业绩的好坏。你的形象吸引力越强，你就越受欢迎，在事业上就越是如鱼得水。

“美的东西，永远令人心旷神怡”，外在形象，应该是令人心旷神怡的，它是体现礼仪之美的基础。而外在形象之美，除了天生丽质，更重要的是后天的自我训练。林肯说：“一个人过了 40 岁，应该对自己的面孔负责。”其实，每个人尤其是职场人都应该对自己的形象负责，应该不断修饰和弥补自己的形象缺陷，努力将自己打造成一个符合礼仪规范、形象气质俱佳的职场人士。

经典心语

仪容美的三要素

一是仪容的自然美。拥有漂亮的外貌，无疑会令人赏心悦目，但即使没有天生的美貌，通过自我训练和修饰，也能获得令人喜欢的、美的外表。

二是仪容的修饰美。“三分人才，七分打扮”，通过化妆、美容、护肤、搭配服饰来对自己进行修饰，扬长避短，塑造出美好的个人形象。

三是仪容的内在美。通过努力学习，不断提高个人的文化素养、艺术修养和道德境界；培养自己高雅的气质和美好的心灵，让自己有内涵、有底蕴、有品位。

知识徜徉

一、职场女性的仪容标准

(1) 发型文雅、庄重，梳理整齐。

(2) 化淡妆，面带微笑。

(3) 着正规套装，大方、得体。

(4) 指甲不宜过长并保持清洁，涂指甲油时须选自然色。

(5) 裙子长度适宜，刚好盖住膝盖为最适宜。

(6) 肤色丝袜，无漏洞。

(7) 鞋子光亮、整洁。

(8) 全身 3 种颜色以内。

二、职场男性的仪容标准

(1) 发型款式大方，不怪异，不太长也不太短，头发干净整洁，无汗味，没头屑，不抹过多的发胶把头发弄得像刺一样硬。发脚与胡子剃干净。

(2) 涂些护肤膏，不要让脸上皮肤太干涩或油光光的。

(3) 衬衣领口整洁，纽扣扣好。

(4) 耳朵内外清洁干净，鼻孔内外清洗干净。

(5) 领带平整、端正，不要塞东西造成鼓鼓的感觉，以免破坏整体服装的形象。

(6) 衬衣袖口可长出西装外套 0.5～1 厘米，不能过长，否则会显得格外局促，缚手束脚。

(7) 指甲剪短并精心修理过，手指头干净，没有多余的手指死皮。

(8) 裤子要烫直，折痕清晰。裤型不紧不松，长及鞋面。

(9) 鞋底与鞋面侧同样保持清洁，鞋不能破损，鞋面要擦亮。

原文

恰到好处的职场接待

1992 年 12 月，俄罗斯总统叶利钦首次对中国进行访问。17 日上午，叶利钦的专机降落在北京机场，当时的外交官鲁培新按照外交惯例在俄驻华大使的陪同下登上飞机，同叶利钦热情握手，并用俄语对他说："热烈欢迎总统阁下首次访华，今天天气晴朗，天气也在欢迎您。"叶利钦听后很高兴："这是我担任总统后首次访华，来到中国后，你是我见到的第一个中国官员，你流利的俄语让我感到很亲切，这是访问圆满成功的预兆。"

当晚欢迎宴会后，江泽民同志又举行小型宴会招待叶利钦，他亲切地用俄语称呼叶利钦小名"鲍利斯"，叶利钦听后紧紧握着江泽民同志的手说："这是我第一次听到一个外国领导人这样亲切地称呼我，我很激动，我们的关系多么亲密啊!"叶利钦的访问取得了丰硕的成果，我们恰到好处的外交礼仪给他留下了良好的第一印象。

含英咀华

公关技巧中如何拉近彼此距离

迎来送往，是社会活动中最基本的形式和最重要的环节，亦是在职场活动中一切业务的基础。

接待是职场中非常重要的方面之一。它主要包括迎接、介绍、握手、陪客、赠物。在接待过程中，交际双方第一次见面，都希望尽快消除陌生感，尽量缩短相互之间的感情距离，并建立融洽的关系，同时给对方一个良好的印象。这时公关技巧中用对方熟悉的东西拉近距离的方式，便显得尤为重要。在俄罗斯总统叶利钦首次对中国进行访问时，正是听见一个外交官员用自己的家乡话与自己交流而倍感亲切，同时在与外国领导人的会面中，听到自己的小名而更觉得没有约束感。自然为访问打下了一个良好的基础，才有后来的"丰硕成果"。

第一印象在职场接待中尤为重要，心理学称其为"光环效应"。无论是接待的一方还是被接待的一方，在这过程中的技巧是我们必须熟悉的，它是职场中人情谊、素养、诚意的体现。

经典心语

职场接待中如何给对方留下好的第一印象

（1）主动向对方打招呼。

（2）报姓名时略加说明。

（3）注意自己的表情。

（4）适时地指出对方身上的微小变化。

（5）挺直的坐姿。

（6）恰如其分地“附和”对方。

（7）不要忽略分手的方式。

知识徜徉

办公室接待礼仪

一、接待前

（1）确定来访人员人数、姓名、性别、级别、来访时间、行程、来访主要内容以及有何具体要求。一般情况下，对方都会提前告知，接待方必须认真核实以上内容，并根据来访人数确定1～2名具体联络人，以便及时沟通联系。

（2）根据来访规模和分工负责的原则，召集后勤、具体业务等部门负责人，安排具体事务，以便明确职责，分工负责。

① 办公室拟订接待方案。一是接待期间天气提示。二是目录。三是来访人员名单及级别（注意核对姓名）。四是陪同人员名单（注意对等接待）。五是接待路线（行程）安排。六是乘车安排。七是就餐安排。八是住宿安排。

② 后勤安排来访人员食宿问题。一是就餐安排。一般分为主桌和副桌。主桌要根据客人的口味安排菜肴（白酒、啤酒和红酒、烟都要准备），并注意客人忌口的东西。主桌

要摆席卡。副桌一般安排工作人员和驾驶员就餐，可以随意一些。在就餐的过程中，要随时注意主桌上菜的速度和酒水是否足够用。二是住宿安排。住宿房间要根据对方人数和性别事先预定、排定。一定级别的领导要安排套房，并在房间内摆放好洗漱用品、鲜花、水果、水等。

③ 业务部门根据对方来访目的做好交流准备。业务部门要事先了解对方来访目的，安排分管人员或业务较熟的人员参加座谈交流，可以准备讲话提纲，准时参加座谈交流。

④ 参观点做好内部保洁、安全生产、情况介绍等工作。

（3）注意事项：

① 对各参观点及路线事先要进行踩点，做到路线畅通，参观点准备充分。

② 在接待前，要注意获取各部门接待负责人的联系电话，以便及时联系。

③ 车辆的安排要事先通知驾驶员何时、何地待命。

④ 讲解人员要做好充分准备，包括音响设备的事先调试等。

二、接待中

（1）安排人员及领导到交界处迎接。要提前 10 分钟到达交界处，以示尊重。

（2）引导车要做好引导工作，到达参观点后要及时调度车队停放。

（3）联络人员每到一个参观点前，要和参观点负责人联系（也可安排打前站车辆），做好大门开放工作。

（4）接待过程中，要注意摄像、照相保存资料。

（5）要做好各项接待工作，包括水、水果、湿巾的准备以及卫生间的保洁工作。

三、接待后

（1）礼送客人（可以赠送礼品）。

（2）做好接待总结工作。

（3）做好酒店食宿费用结报工作。

——中文秘书网

原文

冯仑：近距离观察看李嘉诚如何请人吃饭

一个月前我去香港，和李嘉诚吃饭，感触非常大。李先生是华人世界的财富状元，也是我的偶像。大家可以想象，这样的人会怎么样？

一般伟大的人物都会等大家到来坐好，然后才会缓缓过来，然后讲几句话，如果要吃饭，他一定坐在主桌，有个名签，然后我们企业界 20 多人中，相对伟大的人坐在他边上，其余人坐在其他桌，饭还没有吃完，李大爷就应该走了。如果他是这样，我们也不会怪他，因为他是伟大的人。

但是，我非常意想不到的是，我们进到电梯口，开电梯门的时候，李先生已经在门口等着我们，然后给我们每个人发名片，这已经出乎我们意料——李先生的身家和地位已经不用名片了！但是他像做小买卖一样给我们发名片。发名片后我们一个人抽了一个签，这个签就是一个号，就是我们照相站的位置，是随便抽的。

我当时想为什么照相还要抽签，后来才知道，这是用心良苦，为了大家都舒服，彼此不分尊卑，否则照相也分三六九等，肯定有人会不舒服！抽号照相后又抽个号，说是吃饭的位置，原因也是和照相一样。最后让李先生说几句，他说也没有什么讲的，主要和大家见面，后来大家让他讲，他说我就把生活当中的一些体会与大家分享。

然后看着几个外国人，用英语讲了几句，又用粤语讲了几句，把全场的人都照顾到了。他讲的是“建立自我，追求无我”，就是让自己强大起来要建立自我，追求无我，把自己融入到生活和社会当中，不要给大家压力，让大家感觉不到他的存在，来接纳他、欢迎他。之后我们就吃饭。我抽到的正好是挨着他隔一个人，我以为可以就近聊天，但吃了一会儿，李先生起来了，说抱歉我要到那个桌子坐一会儿。

后来，我发现他们安排李先生在一个桌子坐 15 分钟，总共 4 桌，每桌 15 分钟，正好一小时。临走的时候他说一定要与大家告别握手，每个人都要握到，包括边上的服务人员，然后送大家到电梯口，直到电梯关上才走。这就是他追求无我，同时非常尊重在场的每一个人，在这个过程中得到充分体现。

我曾经现场看过他的一个演讲，他们没有文字稿给到我们，我因为和李先生打过几次交道，提出能不能给我文字的演讲稿，结果他马上交代一下助理，等我要离开的时候那个文字稿已经拿给我了。后来我和中海油一个我们班的班长聊天提到这件事，他说老先生就是因为一生做人周到真诚，对所有出现在他视线范围内的人非常尊重，所以很多人到了香港都愿意和他做生意，这就是钱以外的软实力。

于是，所有和他打过交道的人，都会去讲李先生如何好，形成这个意识之后大家都愿意和他做生意，都愿意把最好的机会给他，于是他越来越成功，这就叫软实力。

我相信李先生的成功，不仅仅是赶上了好的时代，更加重要的是，在他的整个人生中，始终如一地贯彻了一个理念：修炼自我，追求无我！

——作者：思客　来源：中国企业家网

含英咀华

1928 年 7 月 29 日，李嘉诚出生于广东的一个普通教师之家。在他 11 岁的时候，日本侵华战争全面爆发，家乡被轰炸，李嘉诚与家人辗转到香港，一家人寄居在舅父家里。在他 14 岁时，父亲病逝，为了养活母亲和 3 个弟妹，李嘉诚被迫辍学走上社会谋生。他的第一份工作是在叔叔经营的钟表行里做泡茶扫地的小伙计，但他志存高远、踏实勤奋、谦虚好学、一路拼搏，从一个端茶扫地的小伙计到钟表店店员、塑胶花大王，最终成为享誉世界的亚洲首富。

从上面的故事中我们看到作为行业老大的李嘉诚在宴请大家的时候，处处用心，十分尊重来宾。到电梯口去迎接来宾、亲自递给大家自己的名片、随机安排来宾的座次和照相位置、讲话时照顾来宾的语言习惯、吃饭时均匀分配时间陪每一桌人、告别时同每个人握手等，每一个细节都显示出他的涵养和礼貌。正是这种对人的礼貌与尊重，使得李嘉诚成为值得别人信赖的人，形成了自己的软实力。

作为职场人士，经常会参加或举办各种商务宴请。一次合乎礼仪的宴请，本身就是一次成功的商务活动。宴请上司，可以为自己以后的发展铺路；宴请同事，可以增进友谊，为以后求人办事打下基础；宴请下级，可以树立你“亲民”的形象，也可笼络人心；宴请客户，可以保持你们的良好合作关系。所以，大家一定要熟悉各种宴请常识和礼仪。

经典心语

宴请的五个 M 原则

第一个 M，即 meeting，要考虑宴请的人是谁，他喜欢安静的环境还是热闹的环境？他喜欢吃什么口味的菜？

第二个 M，即 money，费用。做任何事情，量入为出，不管是请谁都不要铺张浪费。

第三个 M，即 menu，菜单。点菜要考虑别人的口味，同时也要考虑到费用预算。

第四个 M，即 media，环境。宴请的规格有高中低档，要以客人的身份和重要程度来定。

第五个 M，即 manner，举止。在商务宴请中，一般餐桌举止要注意以下几点：不吸烟；让菜不夹菜；祝酒不劝酒；不在餐桌上整理服饰；吃东西不发出声音。

温馨提示

与领导喝酒时的注意事项

规矩一：酒桌上虽然“感情深，一口闷；感情浅，舔一舔”，但是喝酒的时候绝不能把这句话挂在嘴上。

规矩二：韬光养晦，厚积薄发，切不可一上酒桌就充大。

规矩三：领导相互喝完才轮到自己敬。

规矩四：可以多人敬一人，绝不可一人敬多人。

规矩五：自己敬别人，如果不碰杯，自己喝多少可视乎情况而定，比如对方酒量，对方喝酒态度，切不可比对方喝得少，要知道是自己敬人。

规矩六：自己敬别人，如果碰杯，一句，我喝完，你随意，方显大度。

规矩七：端起酒杯（啤酒杯），右手扼杯，左手垫杯底，记着自己的杯子永远低于别人。

规矩八：如果没有特殊人物在场，碰酒最好按时针顺序，不要厚此薄彼。

规矩九：碰杯，敬酒，要有说辞。

第二节 职场社交——莫愁前路无知己，天下谁人不识君

原文

巧言妙语

小彤是某银行的客户经理，近来因为行长的决策失误，使她们的任务没有完成。为了使接下来的工作能够顺利进行，小彤决定与领导谈一谈，让领导接受自己正确的建议。可是，她十分清楚行长的性格，行长是位自尊心极强的中年女人，要强不服输，对待下属苛刻严厉。小彤一直琢磨：怎样才能让行长接受自己的想法呢？

小彤决定不在上班的时候提及此事，也许换个轻松的氛围会更有利于说服。因此，她约了行长周末一起打网球。中途休息时，小彤说："白行，您的网球水平真是越来越强了，我是赶不上您的脚步了。"白行听了夸赞之辞很是高兴，笑得合不拢嘴。小彤停了一下继续说："您看，您打法多变，想要对付我这种打法单一的人真是太容易了。可是，白行，您有没有发现，您的那种打法特别浪费体力，我虽然打法单一，但我擅长保存体力啊，哈哈，到最后，我这小体格也能侥幸赢您一次啊。我们这次存款任务没有完成，其实错都在我，就像打网球一样，工作方法太单一了，没有及时改变战术和策略，还让您跟着费心尽力。"

白行本来正因为决策失误后悔不已，听到这番话，立即把错误揽在了自己身上："小彤，正如你所说，这次工作的失误是因为我，之前打法多变，浪费了体力，到无计可施。心有余而力不足啊。"接下来，小彤见缝插针把自己的想法说了出来，行长听后十分认可。

含英咀华

说话是一门艺术，说服别人更需要技巧。上文中的小彤为了说服行长，因为行长的性格关系，没有采取开门见山的方式。而是通过网球的打法切入，从批评自己入手来达

到说服的目的。

社交是始于交谈的。在职场中，一个人如果不具备良好的口才，是很难在职场上取得满意效果的。口才不仅是生活中人们交往的纽带，更是在职场上处理问题、赢得掌声的武器。它能够给你的工作带来快乐，并在危急时刻化险为夷。

俗话说“忠言逆耳，良药苦口”，每个人都喜欢听赞赏之言，不喜欢被批评、被打击。在职场中，要掌握一定的语言技巧，在与同事、上司交流时，如果能够做到让忠言与赞赏之言一样悦耳动听，你将得到很多意外的收获。另外，与同事交流时应真诚谦逊，多倾听，多赞美，多聊工作少谈私事，切记不要抱怨工作或公司，要与同事保持一定的距离。与上司交流时，时刻谨记对方是领导，要节约时间，多换位思考，报告问题时附上解决方法，要学会察言观色。

在职场社交中，良好的口才能够帮你和谐与周围同事、上司的关系，也能帮助你达到职场社交的目的——说服。

经典心语

说服别人的技巧

（1）想要说服对方，先要了解对方。

（2）多制造见面机会。

（3）充分利用彼此的相似因素。

（4）重复相同的内容。

（5）多用对比、对应。

（6）实时而得体地赞美对方。

（7）站在对方的立场思考。

（8）列出充足的理由打动对方。

知识徜徉

让你更有说服力的17种方法

（1）自信。如果你想让别人听你说的，那么首先你要相信自己。在走路、谈话、穿衣方面展现自信，这会让你产生变化！

（2）真诚。有说服力并不意味着欺骗别人，而是告诉别人你很真诚。不要像某些欺骗人的二手车销售人员一样，隐藏事实；要做诚实的生意人，提供大量的产品。

（3）直接。如果你有重要的事情，直接说出来。绕圈子会让你看起来犹豫。但是要说到点上，那样你看起来就会是坚定、有威信和聪慧的。

（4）简单。无论是说还是写，简单易懂的语言能够帮助你和观众互动（还能够使你的话听起来避免过于浮夸）。如果你有麻烦的话，那么你就想象你是在和好朋友说话（或写信）。

（5）谦逊。没有一个人喜欢炫耀的人，但是虚伪的谦虚则更讨人厌。对于自己的成就感到骄傲是好的，但是应该把那些天花乱坠的感受留在家里。

（6）客观。退一步，客观地审视你的理由（或者销售状况）。你能够确保你指定的每个点都客观公正吗？如果不能，你可能要考虑改变你的观点。

（7）专业。知识是有说服力的。无论你是演讲还是销售，做个专家型的人吧。确保你自己知道你谈论的一切。搜寻到的信息，应该比你想到的多，这点很重要，这点会显现出来的。

（8）有责任感。无论你有多有说服力，也一定会有异议出现。如果你负有责任感并且尊重反对意见的话，你会看起来更真诚。记住，你是在进行会谈交流——聆听也是很重要的。

（9）直率。外表华丽能让你在第一印象中看起来怡人，但在长时间的接触中，他同样会让你显得不那么可信。换句话说，当你特别诚信时，甚至你的对手都会尊重你。换言之，要机智，但是别怕发表你真实的意见。

（10）富有热情。热情是会感染人的。如果某件事儿让你特别兴奋，无论它是件产品、是个主意还是个机会，你都要确保你的观众能有同样的感受。记住，如何去说和你要说什么是一样重要的。热情能让你与众不同。

（11）富有思想。通过告诉他们你经过认真思考后的想法，向你的观众表达你的观点，你认为他们的意见很有价值。不要草率行事；和马虎犯错相比，多花点时间好得多。

（12）透明。如果你看上去像是隐瞒着什么的话，人们会很自然怀疑你。所以尽量在观众面前透明化。分享一些个人细节——甚至是那些让你有点尴尬的细节——这是和人联系的好方法。你的观众更多地“了解”你，他们就会更加信任你。

（13）保留些惊喜。不同寻常的解决方式，怪异的观点，甚至是个革命性的产品，都会让观众惊喜。这样不仅能抓住他们的注意力，也能使气氛活跃！

（14）理解别人。客户需要被理解。花工夫聆听和理解他们所关心的问题是很重要的。不要忽略任何事，即便你认为这很愚蠢。记住，那是你的客户真正关心的事。

（15）大胆。从小，我们就被告知应该遵循领导的意见。可是如果你想要有说服力，那么就从把自己放在领导位置开始。做别人不敢做的事，说别人不敢说的话，那么你就会成为被别人追随的大胆的领导。

（16）有雄心壮志。人们都希望受到鼓舞，所以不要限制自己，不要低估自己。如果你有雄心壮志，就跟你的观众一起分享。告诉他们你的目标，他们自然会与你相随。

（17）乐观。提供给别人比我们拥有的更好的东西。可以是个新产品、一个新的商业机会或者是更开心的生活。外表阳光——这是能让人们对于未来有兴趣的方法。

原文

萧何的智慧

萧何计诛韩信后，刘邦对他更加恩宠，除对萧何加封外，还派了一名都尉率500名兵士作相国的护卫，真是封邑晋爵，圣眷日隆。众宾客纷纷道贺，喜气盈庭。萧何也非常高兴。

这天，萧何在府中摆酒席庆贺，喜气洋洋。突然有一个名叫召平的门客，却身着素衣白履，昂然进来吊丧。萧何见状大怒道：“你喝醉了吗？”这位名叫召平的人，原是秦朝的东陵侯。秦亡后隐居郭外家中种瓜，味极甘美，时人故号东陵瓜。萧何入关，闻知贤名，招至幕下，每有行事，便找他计议，获益匪浅。今天，他见萧何仍未领会他的意思，便说：“公勿喜乐，从此后患无穷矣！”萧何不解，问道：“我进位丞相，宠眷逾分，且我遇事小心谨慎，未敢稍有疏虞，君何出此言?”召平说道：“主上南征北伐，亲冒矢石。而阁下居都中，不与战阵，反得加封食邑，我揣度主上之意，恐在疑公。公不见淮阴侯韩信的下场吗?”萧何一听，恍然大悟，猛然惊出一身冷汗。第二天早晨，萧何便急匆匆入朝面圣，力辞封邑，并拿出许多家财，拨入国库，移作军需。汉帝刘邦十分高兴，奖励有加。

刘邦常常亲自率兵征讨。他身在前方，每次萧何派人运送军粮到前方时，刘邦都要问：“萧相国在长安做什么?”使者回答，萧相国爱民如子，除办军需以外，无非是做些安抚、体恤百姓的事。刘邦听后，总是默不作声。来使回报萧何，萧何亦未识汉帝何意。一日，萧何偶尔问及门客，一门客说：“公不久要被满门抄斩了。”萧何大骇，忙问其故。那门客接着说：“公位到百官之首，还有什么职位可以再封给你呢？况且您一入关就深得百姓的爱戴，到现在已经十多年了，百姓都拥护您，您还在想尽方法为民办事，以此安抚百姓。现在皇上所以几次问您的起居动向，就是害怕您借助关中的民望有什么不轨行动啊！试想，一旦您乘虚号召，闭关自守，岂非将皇上置于进不能战，退无可归的境地？如今您何不贱价强买民间田宅，故意让百姓骂您、怨恨您，制造些坏名声，这样皇上一看您也不得民心了，才会对您放心。”萧何长叹一声，说：“我怎么能去剥削百姓，做贪官污吏呢!”门客说：“您真是对别人明白，对自己糊涂啊!”萧何何尝不明白，对于一般的小官吏，汉帝并不怕他们有野心。所以一有贪赃枉法行为，必遭严惩。对于自己这样的大臣，汉帝主要是防止他们有野心，对于贪赃枉法那些小事，反不足轻重了。为了释去主上的疑忌，保全自己，萧何不得已违心地做些侵夺民间财物的坏事来自污名节。不久，萧何的所作所为就被人密报给了刘邦。果然，刘邦听后，像没有发生什么事一样，并不查问。当刘邦从前线凯旋归来时，百姓拦路上书，控告萧相国强夺、贱买民间田宅，价值数千万。刘邦回到长安后，萧何去见他时，刘邦笑着把百姓的上书交给萧何，意味深长地说：“你身为相国，竟然也和百姓争利！你就是这样‘利民’啊？你自己向百姓谢罪去吧!”刘邦表面上让萧何向百姓认错，补偿田价，可内心里却暗自高兴，对萧何的怀疑也逐渐消失。

含英咀华

萧何帮助刘邦夺得天下，最终成为刘邦的丞相。但是刘邦生性多疑，对曾领头拥立自己为首领，起兵反秦，此后便一直追随在自己左右，不离不弃，努力做好后勤保障工作的萧何，仍然是不放心。为了消除刘邦对自己的疑心，萧何用此计策，从此稳坐丞相的宝座，职业生涯一帆风顺。

在职场中，任何一位上司都有过对自己职员忠诚度的怀疑。这种疑心一般表现为：很警惕，对职员（尤其是身在高位的职员）的一言一行都琢磨再三；不信任别人，凡事都要问个究竟；与职员的关系时好时坏。

虽然不一定每个上司都有如此重的疑心，但如何处理好与上司之间的关系的确是一门学问。作为职员，第一，做好自己的本职工作，这是立足职场的基本要求，也是赢得上司注目的基础；第二，搞好与周围同事的关系，这样才不会被群体抛弃；第三，努力创新，做出成绩赢得上司的肯定；第四，适当“讨好”上司，成为上司喜欢的员工。总之，要学会和上司友好相处，这样才能在他手下愉快地工作。

经典心语

与上司相处的准则

（1）要学会听懂上司的话。

（2）办事说话要简洁明快。

（3）要注意维护上司的形象。

（4）向上司提问题要讲艺术。

（5）要说到做到，言而有信。

（6）与上司的关系要适度。

（7）要保持良好的心态。

（8）要了解上司的性格习惯，去适应他。

温馨提示

老板不喜欢这种职员

（1）只顾眼前利益的职员。

（2）办事拖拖拉拉的职员。

（3）嫉妒别人的职员。

（4）口是心非、口蜜腹剑的职员。

（5）目空一切、狂妄自大的职员。

(6) 私心自用、爱占小便宜的职员。

(7) 背后搞小动作的职员。

(8) 怕吃亏、怕吃苦的职员。

(9) 动不动就辞职、跳槽的职员。

(10) 这山望着那山高的职员。

(11) 不知道挖掘自身潜力的职员。

(12) 贪得无厌的职员。

(13) 不善于思考、思维模式僵化的职员。

(14) 优柔寡断、犹豫不决的职员。

(15) 对工作牢骚满腹，总以为怀才不遇的职员。

原文

同级相处之道

大卫在代表公司的一次交易中，损失了百万美元。回到公司汇报工作时，他自己都觉得无脸见人，一些同事也对他冷眼相看，冷嘲热讽。面临此景，大卫更是情绪低落，抬不起头来。但是，他的一位同事琼则没有这么对待他。琼工作业绩不仅突出，而且正在受到上司的重用。一次，大卫本想主动与琼打招呼，又觉得以自己现在的身份出现，似乎不大合适。他刚要转身走开，忽然听到琼在背后叫他："大卫，听说你回来，本想去拜访你，由于公司事情多，一直没能如愿。今天真是巧极了，如果你同意的话，我想请你喝一杯。"

喝酒时，琼真诚地对大卫说："其实这次失败不能怪你，你已经做了自己所能做到的一切，如果没有你的果断和才能，损失还会比这多得多呢，忘掉这些不快吧，我的好朋友……"大卫非常感动。当他们离开酒馆时，大卫已经轻松了许多，又恢复了自信。

不久，公司指派琼负责与另一家公司的贸易谈判。但琼却从未与这家公司打过交道，心里没有一点把握，大卫则刚好与这家公司很熟。于是，琼征得公司同意，便请大卫一起负责这次谈判。在谈判的过程中，琼对大卫始终非常尊重，并没有因为对方曾有过失误而小视他，而是把他当做自己的合作伙伴，平等相待，没有丝毫的怠慢。

最终，两人在谈判桌上珠联璧合的精彩表现，使对方也不禁赞叹，谈判获得了圆满成功。

含英咀华

在职场中，平级关系是一种横向关系，指组织机构中具有相对等同职权地位的人之间的关系。

和平级沟通合作，手里是没什么“牌”的。彼此平级的共事者，没有“应该”和“必须”，只有相互帮忙和愿意帮到什么程度、尽多大力，或者相互推诿和以邻为壑。

同级关系具有直接、经常、密切、频繁的特点，因而容易在一些问题上产生矛盾和分歧。如果处理得当，可以让同级之间配合默契，增强凝聚力，提高工作效率。如果处理不当，就会产生矛盾，影响工作的顺利开展。

所以，对待同级应该真心诚意，友好地与他人相处。只要你真诚待人，与同级同事建立良好的关系，一般都可以将事情做好。

琼的做法，是善待平级，肯设身处地为他人着想，主动建设良好的工作伙伴关系。积极主动地搞好与平级同事之间的关系，不仅能使工作气氛更愉悦，更重要的是在关键时刻或许会得到意外的帮助。

经典心语

与同级相处的八条原则

尊重对方；

相互支持；

诚信为本；

善于自制；

宽容谅解；

不要猜疑；

及时沟通；

以大局为重。

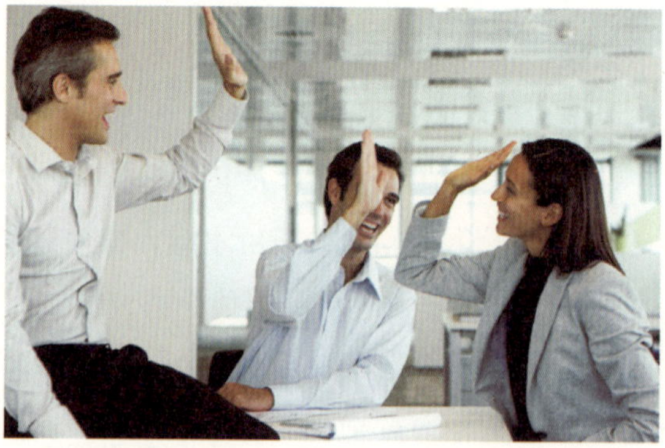

温馨提示

同事相处的禁忌

（1）不可随便交心。

（2）不可有亲疏远近。

（3）不可随便分担别人的工作。

（4）不可在同级面前批评老板。

（5）不可有过多的金钱往来。

（6）不可加入传播流言的队伍。

（7）不可命令别人。

（8）不可过于张扬。

（9）不要参加单位内的派别。

（10）不要让工作上的恩怨困扰自己。

原文

适当的鼓励

日本松下公司的创始人松下幸之助以经营技巧高超，管理方法先进，被誉为“经营之神。”

后滕清一原是三洋电机公司的副董事长，后来投奔松下公司，在担任厂长时，工厂失火烧掉了。后滕清一心中十分惶恐，以为不被革职也要降级。不料松下接到报告后，只对他说了四个字：“好好干吧！”

松下这样做，并不是姑息部下的过错。以往，即使只是打电话的方式不当，后滕也会受到松下严厉的斥责。这种作风可以说是松下管人的秘诀。由于这次火灾发生后没有受到惩罚，后滕自然会心怀愧疚，对松下也会更加忠心效命，并以加倍的工作来回报。

含英咀华

松下幸之助是日本著名跨国公司“松下电器”的创始人，被人称为“经营之神”。“终身雇佣制”“年功序列”等日本企业的管理制度都由他首创。

在手下工作有过失时，他没有大加责罚，反而是给予鼓励。松下的这种做法，巧妙地抓住了人类的心理特点。在犯小错误时，本人多半并不在意，因此需要严加斥责，以引起他的注意；相反犯下大错误时，傻子也知道自省，因此就不必要再去给予严厉的批评了。他那一句简短的“好好干吧”，收服了一个下属的忠心。

在职场中，作为上级，只有和下级搞好关系，赢得下级的拥戴，才能调动下级的工作积极性，从而促使他们尽心尽力地工作。因为任何一个领导都是靠下面的大众支撑起来的。如果你让下属觉得你能为他们撑起一片天，你就赢得了下属的心。

作为下属的“带头大哥”，要懂得恩威并用，灵活运用各种方法和原则管理、保护下属。因为保护好你的下属就是保护你自己。所以，你首先要有胸怀，能够包容下属偶尔的小错误。再者要学会情感投资。关心下属的利益，关心下属的工作和生活，真诚地与他们交流。最后，如果你的团队出了问题，你必须出面解决问题。

经典心语

与下级的处事技巧

（1）以实力赢得威信。

（2）赏善罚恶，并做到赏罚公平。

（3）帮下级挖掘出他的潜能。

（4）不要用自己的标尺衡量下级。

（5）别瞧不起下级。

（6）与下级保持适当的距离。

（7）用人不疑，予以信任。

（8）不要随意揭下级的隐私。

（9）从细小处赞美你的下级。

（10）巧妙批评下级。

（11）不要滥用职权。

（12）解雇不称职的下级。

（13）善待下级。

温馨提示

员工喜欢这样的老板

（1）关心下属的老板。

（2）能抓住薄弱环节，提高整体工作效益的老板。

（3）有透明度的老板。

（4）善于抓住问题本质的老板。

（5）面带微笑的老板。

（6）能让人看到希望、让人心情愉快的老板。

（7）在工作效率和质量上较劲，而不是在工资单上较劲的老板。

（8）弄清事情真相后再做决定的老板。

（9）尊重自己的老板。

（10）能公平对待自己的老板。

（11）能为员工创造轻松工作环境的老板。

（12）能理解自己的老板。

第二节　职场心理——不患人之不己知，患不知人也

原文

邻里效应

在镇压太平军的行营中，一次，曾国藩用完晚饭后与几位幕僚闲谈，评论当今英雄。

他说："彭玉麟、李鸿章都是大才，为我所不及。我可自许者，只是生平不好谀耳。"一个幕僚说："各有所长：彭公威猛，人不敢欺；李公精敏，人不能欺。"说到这里，他说不下去了。曾国藩问："你们以为我怎样？"众人皆低首沉思。忽然走出一个管抄写的后生来，插话道："曾帅是仁德，人不忍欺。"众人听了齐拍手。曾国藩十分得意地说："不敢当。不敢当。"后生告退而去。曾氏问："此是何人？"幕僚告诉他："此人是扬州人，入过学（秀才），家贫，办事还谨慎。"曾国藩听完后就说："此人有大才，不可埋没。"不久，曾国藩升任两江总督，就派这位后生去扬州任盐运使。

——《一分钟袖珍故事：财富讲义》

含英咀华

故事中的这位"后生"，一语道破曾国藩的"仁德"之心，从而赢得曾国藩的好感。不久之后便受到提携，从一个管抄写的小生一步走到了扬州盐运使的位置。

在社会心理领域，存在着一种"邻里效应"。所谓邻里效应，是指他人的行为或特征对个体决策的影响，且这种影响因为"邻里"的特殊亲近心理而趋向于从众选择。文中的小生便是因为一句"曾帅是仁德"，迎合了曾国藩的心理，他们之间产生了"邻里效应"，所以曾国藩才会提拔他。

邻里效益产生的前提是让对方感受到认同感。认同感，是指人对自我、他人及周围环境有用或有价值的判断和评估。人无论怎样都需要被肯定，从某种程度上来讲，每个人都在追寻认同感。这种认同感，往往是因为志趣、意向、爱好和观念的相似而产生的。获得了彼此认同的人，往往对待工作、学习和生活的态度较为相似，所以他们之间易于沟通并产生共鸣。

职场人士也是这样，也需要被认同。领导不仅仅是需要员工的协助，员工不仅仅是需要领导的带领，领导与员工之间更需要的是相互认同。明白了这一点，你就知道了邻里效应在职场中的作用，并能够轻松运用它了。即通过寻找和制造共同点来拉近关系，产生邻里效应，从而轻松解决问题。

经典心语

在职场上如何得到别人的认同

（1）低调为人，用心做事。

（2）学会说话，掌握技巧。

（3）抱朴守拙，诚信为人。

（4）懂的忍耐，不乱方寸。

（5）笑容相待，懂得聆听。

知识徜徉

邻里效应产生的背景

（1）情境相邻。

（2）态度、价值观相邻。

（3）社会地位相邻。

（4）情感相邻。

原文

刚上岗应多多请教别人

何佳以博士毕业生的身份来到一所高职校任教，他是满怀信心而来，觉得自己读了这么多年的书，终于可以派上用场了。

学校同事听说来了一个博士，都在观望着，想看看这个博士能搞出什么名堂来。何佳对待工作十分认真，不过，他还是发觉书本上的东西与实际问题有很大的出入，怎么办？学生是活动的主体，很多时候都不会按照规章出牌。他自己也知道同事们都在看着他。面对这些问题，他埋头钻研了好几小时也没有一点成效。他抬头看了看办公室的同事们，他们都在紧张地忙碌着，工作效率那么高，而自己呢？转念一想，有不懂的地方就应该问，是博士又怎么样？毕竟自己是一个新人，不懂装懂才是大错特错的。

想到这里，何佳站起来，向教研组长走了过去。组长不但没有笑话他，而且还很耐心地给他解答疑惑，还告诉他，我们是一个整体，没有什么不好意思的，在工作中团队协作得好，力量才大。

逐渐熟识了之后，大家在一起聊天，有一位同事开口了："何佳，你知道吗？当你第一次站起来请教问题的时候，我们都很佩服你，因为你并没有认为自己是博士就高人一等，也正因为这样，你在大家心中印象很好。"

含英咀华

作为一个新人，都希望自己在工作中能有一个良好的开端，希望能给领导同事留下一个良好的"第一印象"。怎样实现这个愿望呢？首先，初入职场的新人，在规划好自己的职业生涯的前提下，最重要的就是有效地积累工作经验，学会从"学校人"变成"职场人"，不管学历的高低，要虚心求教，也就是我们口语里经常说的"嘴勤"。面对一份全新的工作，这也不懂那也不熟悉，是很正常的事，不必惶恐，多向领导和同事们请教。在工作中，作为"后辈"面对陌生的面孔，应该主动跟大家打招呼。嘴勤最大的优势就在于，在无形中就会拉近与周围同事的距离。其次，作为职场中的新人，有一大忌就是"不懂装懂"。对于自己不明白的地方，第一件事就是要肯定它，然后再想办法解决它，自己找不到解决方法，就要向领导和同事请教，虚心学习。

知识徜徉

职场面试须知

（1）重视见面时的第一分钟。任何新的交流，开始一分钟后都会建立一种印象，这种印象一旦形成很难改变。

（2）随时保持自身形象的干净、整洁。

(3) 充分展示你的自信。保证你的微笑、握手和眼神接触都有一流的质量。

(4) 学会倾听，专注于其他人，并能够简洁而精准地表达自己的观点。

(5) 记住对方的姓名。第一次和对方见面时就能够说对他的姓名。

(6) 始终保持积极乐观的态度。真正充满兴趣，富有热情，并且热心帮助他人的人会让人印象深刻。

温馨提示

初入职场七要点

一要，认真了解企业文化。

二要，快速熟悉每位同事。

三要，做事分清轻重缓急。

四要，绝对遵守公司章程。

五要，学会任劳任怨。

六要，和老板保持适当距离。

七要，会工作，也要会娱乐。

原文

马太效应

从前，一个国王要出门远行，临行前，交给 3 个仆人每人一锭银子，吩咐道："你们去做生意，等我回来时，再来见我。"国王回来时，第一个仆人说："主人，你交给我的一锭银子，我已赚了 10 锭。"于是，国王奖励他 10 座城邑。第二个仆人报告："主人，你给我的一锭银子，我已赚了 5 锭。"于是，国王奖励他 5 座城邑。第三个仆人报告："主人，你给我的 1 锭银子，我一直包在手帕里，怕丢失，一直没有拿出来。"

于是，国王命令将第三个仆人的 1 锭银子赏给第一个仆人，说："凡是少的，就连他所有的，也要夺过来。凡是多的，还要给他，叫他多多益善。"

——《新约·马太福音》

含英咀华

这就是心理学上著名的“马太效应”，也被称为两极分化现象。它在职场中体现为：那些心态不够积极，没有发展目标和发展规划的人，很容易处于不利地位，并且缺乏改善当前局面的有效途径，很容易陷入负面循环的怪圈。而那些从一开始就有目标、有计划且心态积极的人，即使遇到一些困难，也能通过不断努力排除障碍，往好的方向发展。这样的两极分化现象，其实就是职业生涯中的马太效应。

职场中，马太效应对个人发展最严重的影响就是它所产生的连锁反应。当个人职业发展不好的时候，他所接触到的资源、平台和人脉也会越来越贫乏，在外部环境、条件和资源都越来越欠缺的状况下，个人发展是很难有所突破的。马太效应最终会导致核心部门的员工、业务骨干等，与边缘部门及辅助人员等除了薪资有巨大的差别外，所拥有的资源、晋升机会、发展平台、人脉等也相差甚远。所以就会出现成功人士越来越成功，而那些处于职场弱势地位的人越来越无法摆脱当前困境的局面。

作为职场人士，要避免马太效应对自身职业发展的负面影响。一是要明确自身的职业定位，树立清晰的职场目标。二是要通过自身不懈的努力来优化资源，获得更好的资源、更好的平台。三是要让好心态成为好运气的吸金石。

知识徜徉

职业定位三大步

第一步：个人挖掘。

即了解自己。包括个人能力、兴趣爱好、个人性格优缺点。

第二步：ICP 调研。

ICP 即 Industry（行业）、Company（公司）、Position（职位）。

Industry。包括行业发展前景，是朝阳行业、成熟行业还是夕阳行业。这将很大程度上决定这个行业将来的人员需求量及发展空间。另外还要考虑国家的政策，了解时下国家重点投资的行业。

Company。通常我们谈到的无非是外企和国企。当我们分析一个公司时，可以利用SWOT分析方法，这个一定要考虑全面。而对于我们可考虑的企业，可以参考世界500强和中国500强。当你浏览过这些公司之后，你就会发现在我们身边，还有很多我们从未关注过的公司和行业，虽然很牛但很低调，很容易被人忽略，但也存在着更多的机会。另外，企业文化氛围也是不能忽略的考虑要素。

Position。通过招聘网站上发布的职位信息，可以对某个职位有一个框架性的了解。但这毕竟是官方的统一描述，对于职位更具体的工作却不能了解到。通常我们可以去向朋友、家人了解某一职位的具体工作内容，更直接的可以去拜访一些公司的职员，一般都能了解到很详细的内容。

第三步：职业匹配。

当你完成了个人挖掘和ICP调查后，你就能清楚地知道自己的优劣势、各种职位工作内容等问题了。你会发现自己比较擅长做的一些工作内容，以及哪些公司职位是你非常感兴趣的。

温馨提示

10步轻松减压

（1）早睡早起。

（2）同你的家人和同事共同分享工作中的快乐。

（3）每天要多休息，从而使头脑清醒，呼吸通畅。

（4）利用空闲时间多锻炼身体。

（5）不要急切地、过多地表现自己。

（6）提醒自己任何事都不可能是尽善尽美的。

（7）学会说“不”。

（8）生活中的顾虑不要太多。

（9）偶尔可以听听音乐放松自己。

（10）培养自己豁达的心胸。

原文

皮格马利翁效应

塞浦路斯的国王皮格马利翁是一位有名的雕塑家。他精心地用象牙雕塑了一位美丽可爱的少女。他深深爱上了这个“少女”，并给它取名叫盖拉蒂。他还给盖拉蒂穿上美丽的长袍，并且拥抱它、亲吻它，他真诚地期望自己的爱能被“少女”接受。但它依然是一尊雕像。皮格马利翁感到很绝望，他不愿意再受这种单相思的煎熬，于是，他就带着丰盛的祭品来到阿弗洛蒂忒的神殿向她求助，他祈求女神能赐给他一位如盖拉蒂一样优雅、美丽的妻子。他的真诚期望感动了阿弗洛蒂忒女神，女神决定帮他。

皮格马利翁回到家后，径直走到雕像旁，凝视着它。这时，雕像发生了变化，它的脸颊慢慢地呈现出血色，它的眼睛开始释放光芒，它的嘴唇缓缓张开，露出了甜蜜的微笑。盖拉蒂向皮格马利翁走来，她用充满爱意的眼光看着他，浑身散发出温柔的气息。不久，盖拉蒂开始说话了。皮格马利翁惊呆了，一句话也说不出来。

皮格马利翁的雕塑成了他的妻子，皮格马利翁称他的妻子为伽拉忒亚。

——《古希腊神话故事》

含英咀华

这是古希腊神话中的一个小故事，人们从这个故事中总结出了“皮格马利翁效应”：“期望和赞美能产生奇迹”。你期望什么，你就会得到什么，你得到的不是你想要的，而是你期待的。只要充满自信地期待，只要真的相信事情会顺利进行，事情一定会顺利进行；相反地说，如果你相信事情不断地受到阻力，这些阻力就会产生。成功的人都会培养出充满自信的态度，相信好的事情一定会发生的。这就是心理学上所说的皮格马利翁效应。

皮格马利翁效应告诉我们，如果向一个人传递积极的期望，就会使他进步得更快、发展得更好。反之，如果向一个人传递消极的期望，则会使其自暴自弃、放弃努力。

在职场中，皮格马利翁效应不仅传达了管理者对员工的信任度和期望值，还适用于团队精神的培养，更适合于职场人士对自我心态的把控。如果职场人士能够选择性接受积极的信息或常常进行积极的自我暗示，那么你就一定可以充满正能量，从而赢来好的职场发展前景。

经典心语

如何进行有效的自我暗示

用现在时态而不是将来时态进行暗示。例如，我们应该说“我现在获得了一个好机会”，而不是说“我将来会得到好机会”，这不是自欺欺人，而是因为每件事物都是首先被人想到，然后才能在客观现实中实现。

要积极肯定我们所需要的，而不是不需要的。不能说“我再也不偷懒了”，而是要说“我越来越勤奋，越来越能干”，这样做可以保证我们总是保持着最积极的思想状态。

始终选择那些让自己感到完全合适的肯定。我们所进行的肯定应该是使自己觉得积极、扩张、自在或是支撑性的。

在进行肯定时，尽可能努力创造出一种相信的感觉，一种它们已经真实存在的感觉，这样将使肯定更加有效。

知识徜徉

职场中如何保持积极向上的心态

（1）每天写下 3 件积极向上的事情。

（2）避免消极的情境。

（3）每周至少运动 3 次。

（4）每天睡眠 7～8 小时。

（5）冥想，在睡觉前和起床前。

（6）建立积极情绪的档案。

（7）务必使自己养成精益求精的习惯，并以你的爱心和热情发挥你的这种习惯，如果能使这种习惯变成一种嗜好那是最好不过的了。

（8）改掉你的坏习惯，连续一个月每天禁绝一项恶习，并在一周结束时反省一下成果。

（9）以适合你生理和心理的方式生活，别浪费时间，以免落于他人之后。

（10）避免任何具有负面意义的说话形态，尤其应根除吹毛求疵、闲言闲语或中伤他人名誉的行为，这些行为会使你的思想朝向消极面发展。

第四节　职场规律——举一纲而万目张，解一卷而众篇明

原文

凡事过了就一定不是好事

从前，有一个愚笨的人，和主人一起吃饭。可是他尝了几样主人烧的菜肴以后，都觉得味道太淡。主人听罢，立刻在菜里加上一些盐。他吃了后，觉得菜肴十分美味。于是他有了一个想法：因为有了盐，所以菜美味。靠近傍晚回到家，母亲已经准备好饭菜。他说：“有盐吗？有盐吗？”母亲拿出盐觉得这件事很奇怪，但是看见自己儿子只吃盐不吃饭菜。母亲说：“怎么可以这样？”愚人说：“我知道天下的美味尽在盐中。”愚人不停吃盐，口味败坏，反而变成他的祸害。天下的事情都一样，过了就不仅没有好处，反而会弄巧成拙。

——《百句譬喻经》

含英咀华

这个故事告诉我们干任何事情都要有一个限度，恰到好处时美妙无比，一旦过头就会走向反面，哪怕是好事也会给弄得很糟。正如我们职场人士所面对的办公室政治。不

同的人面对办公室政治有不同的看法。作为即将步入职场的学生，我们有必要了解办公室政治并适度地运用它。美国心理学博士罗伯特·沙米安托说：“办公室政治就像人要吃饭，睡觉一样，是一种生理现实，是人的本性，比如，人们总是不自觉地偏向于那些他们了解的、喜欢的和信任的人。”美国办公室政治专栏作家吉尔·弗兰克说：“办公室政治是数百万包括我自己在内的雇主和雇员每天要处理的事情，它围绕着一些动态的事件展开，它是可以被你征服的，但你必须把一个糟糕的状态看作是一个机会，而不是当成一个障碍。”

经典心语

职场新人面对办公室政治的几个关键点

（1）积极培养诚信与自律的品格。

（2）全力以赴做好当前工作。

（3）不能过分自信，遇事多问几个为什么。

（4）不要急于崭露头角。

（5）讨论问题对事不对人。

（6）不要斤斤计较。

（7）不在背地里议论同事。

知识徜徉

办公室行为法则

法则1：没人能获胜，除非所有人都获胜。当事情变得各方都有利的时候，就会更快妥协。

在多方博弈的情况下，多赢才是唯一的上策。

法则2：不要只是征求意见，而要改变它们。民意调查名声不好，但没有一个竞选要职的候选人不用它。政客利用调查不单是为了找出支持者，他们同样利用调查找出反对他们的人，了解反对他们有多深，反对他们的人随时间的推移如何变化。竞选政治的道理同样适用于办公室政治。你不了解他们在想什么，你就不能改变他们的内心想法。

法则3：所有人都期望得到回报。换句话说，所有人都有成为合作伙伴的可能，只要

这种合作能够带来收益。

法则 4：成功可能产生反对。你已经将你的主意定位好以得到广泛的支持，你已使用非正式的调查了解情况，你掂量过你的权利。该是开展具体工作的时候了：处理好每件事，不论大小，使你的目标变成现实——密切留意任何可能的阻碍。

法则 5：不要忽视成功后的善后。成功之后，你需要感谢那些帮助过你的人，也需要和别人分享你的快乐。

法则 6：不要参与他人指责既成事实，你的意见可能被某些人当成唯一反对的声音告知老板。

法则 7：不要自吹自擂你的成就，你可能因此成为办公室不受欢迎的人。

法则 8：不要太我行我素，向他人透露过多自己的私事。当办公室同事在议论与工作无关的事情时，这时是很危险的，也正是你抵御诱惑，避免参与进去，牵涉其中的时候。

——《萧湘女子的博客》

原文

控制情绪，关爱下属

巴顿将军某日来到前线医院看望伤员。他走到一病号前，病号正在抽泣。

巴顿将军问："为什么抽泣?"病号抽泣说："我的神经不好。"巴顿又问："你说什么?"病号回答说："我的神经不好，我听不得炮声。"

巴顿将军勃然大怒："对你的神经我无能为力，但你是个胆小鬼，你是混蛋!"然后，巴顿给了这个病号一记耳光，并说："我不允许一个王八蛋在我们这些勇敢战士面前抽泣。”他再次抽了那个病号一记耳光，把病号的军帽丢至门外，同时又大声对医务人员说：“你们以后不能接受这种龟儿子，他们一点事也没有，我不允许这种没有半点汉子气的王八蛋在医院内占位置。”

巴顿将军再次大声对病号吼道：“你必须到前线去，你可能被打死，但你必须上前线。如果你不去，我就命令行刑队把你毙了。说实在话，我真想亲手把你毙了。”

含英咀华

“小不忍则乱大谋”这句话我们都听过。从某种程度上讲，忍是一种人生态度，也是一种人生策略。职场中，我们应该学会“忍”，学会克制自己的情绪。

小乔治·史密斯·巴顿（George Smith Patton，Jr.），是美国陆军的一位上将，以在第二次世界大战欧洲战场先后指挥美国陆军第 7 集团军和第 3 集团军而闻名。他在战场上立下了赫赫战功，但却并不受大家欢迎。上文中的事很快被披露，在美国国内引起了强烈的反响。好些母亲要求撤巴顿的职，有一个人权团体还要求对巴顿进行军法审判。尽管后来马歇尔从大局出发，巧妙地化解了这件事，但巴顿还是因为打骂士兵而声名狼藉。这种轻率、浮躁的作风以及政治上的偏见，也为他战后被撤职埋下了祸根。因为一时没有控制住自己的情绪，巴顿瞬间被推上舆论的风口浪尖。

职场中，懂得克制情绪有助于成就事业，一时意气只会错失良机。正如韩信，少年时忍下了胯下之辱，最终成为叱咤风云、战功显赫的英雄人物。越王勾践卧薪尝胆的故事，也说明了忍耐与克制不是逃避和无为，而是“留得青山在，不怕没柴烧”。在职场中面对别人的不理解，我们应该学会忍耐，学会克制自己的情绪，因为这样我们才能够蓄积力量，获得更大的成功。

经典心语

职场忍术

“信言不美”，真话都没有假话好听，所以要感谢哪些在你面前直言不讳的人，因为良药苦口利于病，这时候忍是一种气度与检讨。

在公共场合面对上司的责骂，不要觉得很没面子，要沉住气。如果是你的工作没有做好，请静下心来思考，吸取工作中的教训，并立即改进；如果是上司弄错了，那么等上司消气了以后，找时间私下说明那不是你的问题。这样既能显出你的风度，还能赢得上司的赏识。

如果比你能力差的同事升职加薪了，不要消极抱怨或责怪上司和公司，多分析自身的问题，多发现别人的优点。请你仍然保持自信，乐观前行，因为是金子就总会发光的，时间会给你想要的一切。

如果你的下属顶撞了你，不要大发雷霆。作为上司，不妨另找话题，等下属平静后，再与他仔细交流，这样你将赢得下属的佩服与感激。

知识徜徉

做人有三碗面最难吃：人面、场面、情面。

——杜月笙

当你放下面子赚钱的时候，说明你已经懂事了。当你用钱赚回面子的时候，说明你已经成功了。当你用面子可以赚钱的时候，说明你已经是人物了。当你还停留在那里喝酒、吹牛，啥也不懂还装懂，只爱所谓的面子的时候，说明你这辈子也就这样了。

——李嘉诚

什么是脸面？我们干大事的从来不要脸，脸皮可以撕下扔到地上，踹几脚，扬长而去，不屑一顾。

——严介和

只有不要脸的人，才会成为成功的人。

——任正非

为了面子坚持错误是最没有面子的事情。

——巍巍

原文

“CEO的圣经”：杰克·韦尔奇自传（节选）

1961年，我已经以工程师的身份在GE工作了一年，年薪是10 500美元。这时，我的第一位老板给我涨了 1 000 美元。我觉得这还不错，直到我后来发现我们一个办公室中的 4 个人薪水居然完全一样。我认为我应该得到比“标准”加薪更多的东西。我去和老板谈了谈，但是讨论没有任何结果。沮丧之际，我萌生了换工作的想法……

对我来说，那“标准”的 1 000 美元工资上涨就像谚语中那最后一根稻草一样。所以我去见科普兰，并向他提出辞职。当我正准备开车再次穿过乡村时，科普兰的上司，一个来自康涅狄格的年轻主管鲁本·加托夫（Reuben Gutoff）叫住了我。他邀请我和卡罗琳去匹兹菲尔德的“黄紫菀”（Yellow Aster）吃了一次很长时间的晚饭。加托夫并不是一个陌生人，我们曾在几次业务总结会上见过面。我们保持着联系，因为每次我都能提出一些超出他预期的看法。作为一名初级开发工程师，我给了他一份详细的成本报告，其中包括了对我们新塑料产品的物理性质的详细分析，此外，我还给出了对现在世界上主要竞争对手的产品分析，如杜邦（DuPonts）、道斯（Dows）和塞拉尼斯（Celaneses）。这份报告还列举了长期的产品成本，如尼龙、多丙烯、丙烯酸与我们产品的成本比较。这根本不是什么意义重大的分析，但是它来自于一个穿着白色实验服的家伙，就有些非同寻常了。我想要做的就是“脱颖而出”。如果我仅仅回答了他的问题，那么就很难引起注意。其实，每当老板们提出问题时，他们在脑海中早已经有了自己的答案，他们只是想得到再次的确认而已。为了显示与众不同，我想我的回答应该比提出的问题范围更广一些。我想给出的不仅仅是答案，还有意料之外的新鲜的观点。加托夫显然已经注意到了这一点。在 4 小时的晚饭过程中，他拼命地挽留我，希望我继续留在 GE。他做出保证，答应给我加更多的工资，更为重要的是，他发誓杜绝公司的官僚作风。我吃惊地发现，他居然和我一样对公司的官僚作风感到失望。这次我很幸运，因为很多 GE 的老板们会很高兴让我离开的。毫无疑问，我对科普兰而言肯定是一个眼中钉肉中刺。幸运的是，加托夫并不这样看（不过他并不是每天都和我在一起）。和他一起吃的那次晚宴我并没有承诺留下来。在他回康涅狄格州西港家中的两小时旅途中，他停在高速公路旁的一个投币电话亭，给我打电话继续游说。那时已经是午夜 1 点了，我和卡罗琳早已进入了梦乡，而加托夫还在做他的工作。加托夫确实表现出了他对我的关切。他答应给我涨一点工资（在科普兰给我涨 1 000 美元的基础上再涨 2 000 美元），答应负起更多的责任，以及防止官僚作风等。在黎明后的几小时，在欢送我的聚会举行之前，我决定留下来。

含英咀华

在职场中也有政治，也有派别。通常的情况是，没有明显的派别，也没有明显的小圈子，有的只是一种感觉、一种氛围、甚至只是传闻。

因此，身在职场，除了弄清楚你的工作职责和内容，还必须明白企业里有几颗“大树”。常言道“大树底下好乘凉”，在职场中选好“大树”，并得到“大树”的信任可以使你在一年时间里学到别人几年才能学到的东西，可以让你成长得更快、更轻松。

在上面的事例中，鲁本·加托夫无疑是杰克·韦尔奇在GE（通用电气公司）职业生涯中真正意义上的“大树”系列中的第一棵和最为重要的一棵。加托夫在GE一路晋升，后来升到GE全球战略计划负责人的高位，而韦尔奇则一路接替他留下的职位。

经典心语

如何赢得上司的器重与欣赏

（1）了解上司的个性，理解上司。

（2）向上司提问题要讲艺术，报告时奉上解决方案。

（3）有技巧地纠正上司的错误，要维护上司的形象。

（4）力挺上司，克制情绪，保守秘密。

（5）要学会听懂上司的话。

（6）适当恭维上司，让上司享受喝彩。

（7）办事说话简洁明快，要说到做到。

温馨提示

老板喜欢这样的员工

（1）心中有成长目标的员工。

（2）善于合作的员工。

（3）虚心学习的员工。

（4）重视细节，把小事做精的员工。

（5）在工作中融入自己梦想的员工。

（6）有创新精神的员工。

（7）善于从失误中获得成功机会的员工。

（8）对公司忠诚的员工。

（9）善于与上司沟通的员工。

（10）能完成100%就绝不只做99%的员工。

原文

怎样给猎狗分骨头

一、目标

一条猎狗将兔子赶出了窝，一直追赶它，追了很久仍没有捉到。牧羊犬看到此种情景，讥笑猎狗说：“你们两个之间小的反而跑得快得多。”猎狗回答说：“你不知道我们两个跑的目的是完全不同的！我仅仅为了一顿饭而跑，他却是为了性命而跑呀！”

二、动力

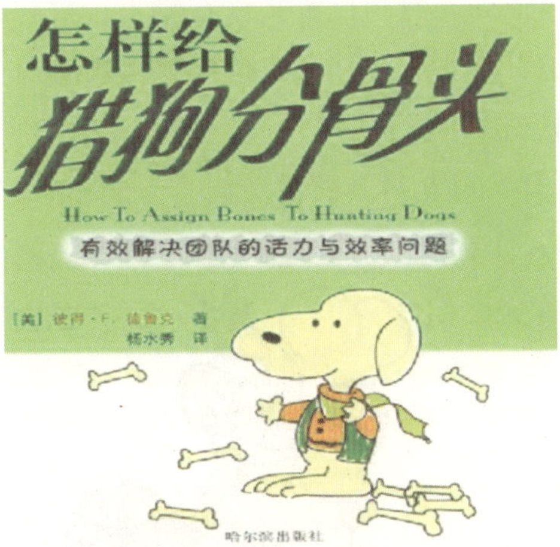

这话被猎人听到了，猎人想：猎狗说的对啊，那我要想得到更多的猎物，得想个好法子。于是，猎人又买来几条猎狗，凡是能够在打猎中捉到兔子的，就可以得到几根骨头，捉不到的就没有饭吃。这一招果然有用，猎狗们纷纷去努力追兔子，因为谁都不愿意看着别人有骨头吃，自己没得吃。就这样过了一段时间，问题又出现了。大兔子非常难捉到，小兔子好捉。但捉到大兔子得到的奖赏和捉到小兔子得到的骨头差不多，猎狗们善于观察，发现了这个窍门，专门去捉小兔子。慢慢地，大家都发现了这个窍门。猎人对猎狗说最近你们捉的兔子越来越小了，猎狗们说反正没有什么大的区别，为什么费那么大的劲去捉那些大的呢？

三、长期的骨头

猎人经过思考后，决定不将分得骨头的数量与是否捉到兔子挂钩，而是采用每过一段时间，就统计一次猎狗捉到兔子的总质量的方法。按照重量来评价猎狗，决定其在一段时间内的待遇。于是猎狗们捉到兔子的数量和质量都增加了。猎人很开心。但是过了一段时间，猎人发现，猎狗们捉兔子的数量又少了，而且越有经验的猎狗，捉兔子的数量下降的就越利害。于是猎人又去问猎狗。猎狗说："我们把最好的时间都奉献给了您，主人，但是我们随着时间的推移会变老，当我们捉不到兔子的时候，您还会给我们骨头吃吗？"

四、骨头与肉兼而有之

猎人做了论功行赏的决定。分析与汇总了所有猎狗捉到兔子的数量与质量，规定如果捉到的兔子超过了一定的数量后，即使捉不到兔子，每顿饭也可以得到一定数量的骨头。猎狗们都很高兴，大家都努力去达到猎人规定的数量。一段时间过后，终于有一些猎狗达到了猎人规定的数量。这时，其中有一只猎狗说："我们这么努力，只得到几根骨头，而我们捉的猎物远远超过了这几根骨头，我们为什么不能给自己捉兔子呢"，于是，有些猎狗离开了猎人，自己捉兔子去了。

五、有权分享

猎人意识到猎狗正在流失，并且那些流失的猎狗像野狗一般和自己的猎狗抢兔子。情况变得越来越糟，猎人不得已引诱了一条野狗，问他到底野狗比猎狗强在哪里。野狗说："猎狗吃的是骨头，吐出来的是肉啊。"接着又道："也不是所有的野狗都顿顿有肉吃，大部分最后骨头都没的舔！不然也不至于被你诱惑。"

于是猎人进行了改革，使得每条猎狗除基本骨头外，可获得其所猎兔肉总量的 $m\%$，而且随着服务时间加长，贡献变大，该比例还可递增，并有权分享猎人总兔肉的 $n\%$。就这样，猎狗们与猎人一起努力，将野狗们逼得叫苦连天，纷纷强烈要求重归猎狗队伍。

六、只有永远的利益，没有永远的朋友

日子一天一天地过去，冬天到了，兔子越来越少，猎人们的收成也一天不如一天。而那些服务时间长的老猎狗们老得不能捉到兔子，但仍然在无忧无虑地享受着那些他们自以为是应得的大份食物。终于有一天猎人再也不能忍受，把它们扫地出门，因为猎人更需要身强力壮的猎狗……

七、骨头公司的诞生

被扫地出门的老猎狗们得到了一笔不菲的赔偿金，于是他们成立了公司。他们采用连锁加盟的方式招募野狗，向野狗们传授猎兔的技巧，他们从猎得的兔子中抽取一部分作为管理费。当赔偿金几乎全部用于广告后，他们终于有了足够多的野狗加盟。公司开始赢利。一年后，他们收购了猎人的家当。

八、骨头公司的发展

公司许诺加盟的野狗能得到公司 $n\%$ 的股份。这实在是太有诱惑力了。这些自认为是怀才不遇的野狗们都以为找到了知音：终于做公司的主人了，不用再忍受猎人们呼来唤去的不快，不用再为捉到足够多的兔子而累死累活，也不用眼巴巴地乞求猎人多给两根骨头而扮得楚楚可怜。这一切对这些野狗来说，比多吃两根骨头更加受用。于是，野狗们拖家带口地加入了公司，一些在猎人门下的年轻猎狗也开始蠢蠢欲动，甚至很多自以为聪明实际愚蠢的猎人也想加入。好多同类型的公司像雨后春笋般地成立了，一时间，森林里热闹起来。

九、明星的诞生

猎人凭借出售公司的钱走上了老猎狗走过的路，最后千辛万苦地要与公司谈判的时候，老猎狗出人意料地答应了猎人，把公司卖给了他。老猎狗们从此不再经营公司，转而开始写自传《老猎狗的一生》，又写《如何成为出色的猎狗》《如何从一只普通猎狗成为一只管理层的猎狗》《猎狗成功秘诀》《成功猎狗 500 条》《穷猎狗，富猎狗》，并将老猎狗的故事搬上屏幕，取名《猎狗花园》，3 只老猎狗成了家喻户晓的明星。收版权费，没有风险，利润更高。

——［美］彼得·德鲁克《怎样给猎狗分骨头》 译者：杨水秀

含英咀华

《怎样给猎狗分骨头》是世界管理学大师德鲁克先生的一部著名微型小说，从小说中大家不难看出，猎人和猎狗之间的较量都是以自己的利益为核心的。

其实，职场就是这样，作为职场人士必须要明白一点：企业是以利润为中心的组织，不是慈善机构，所以在所有事务的处理上，都是以利益为标准，而不是以是非对错为标准。企业对员工价值的评判标准也是以其在企业中的作用为依据。

也就是说，当问题发生时，比如项目失败、业绩下滑等，评判这一过程的标准首先是利害关系，其次才是是非对错，而后者有时根本不会提及。因此，当问题产生的时候，企业选择为此承担责任的人，往往并非是导致问题的直接责任者，而是企业内部实用价值最低者。

所以，身在职场，首先要明确自己的职业定位，找到适合自己的职业，并努力进取，成为一个对公司有用的人。其实这并不是一件特别困难的事情，只要你认准目标，并持续努力就一定可以实现。

经典心语

如何平衡企业利益和个人利益

一、从个人角度说，明确工作所要的是什么

个人在企业中的发展不仅仅是每月拿工资那么简单，因为职场生涯中，你所需要的成就感、不断地发展与成长也需要企业来支撑，当你想清楚自己要的是什么的时候，就知道接下来事情究竟应该如何做。

二、企业和个人需要同时进步

企业的发展需要我们不断地推进，而我们自身的成长也需要依靠企业。只要企业和个人共同进步，你还愁没有什么发展的空间吗？

三、个人的工作时光不要浪费

虽说我们在职场工作，为企业的发展奉献了自己的时光，还有聪明和才智，但是从长久来看，你自身的成长经历也是不可多得的财富，所以一定要珍惜工作中的时光。

四、薪酬不能和企业利益对立

薪酬问题一直是比较敏感的问题，我们提薪酬要求的时候，最好把握合适的时间。如果单位利益亏损，你能得到高薪酬的可能性有多大？这就需要你来权衡一下，对立的结果可想而知。

知识徜徉

职场定位成功三部曲

一、迈出成功第一步：找准职业定位

如果一个人没有事业方向，你就像《未来水世界》电影中大海里没有方向的船，即使你再努力，燃料再足，你越航行离陆地越远，很难到达美丽的陆地。那么，求职前，如何确定我们所要进入的行业呢？选择具有长远竞争力的行业。你不能只图一时的收获，而忽视了长远发展。

二、迈向成功第二步：明确职业定位

在对自己有了一些认识之后，下面我们应该明确职业定位。哪些领域是你在不断加强，并能很好应用的潜力领域？哪些是你花了大量精力，却在实践中很少被你主动运用或发挥不力的非潜力领域？哪些是你必须改进而且能够改进的缺点领域？哪些是你无法改善的弱点领域？

三、迈向成功第三步：提高信心做好职业定位

明确了自己的职业定位，接下来我们需要提高信心做好职场定位。面对当前的就业

形势，职场人应对找工作有所准备。其一，应掌握企业招聘黄金期，适时出击；其二，有必要仔细参考近几年本校本专业的毕业生在干什么，理智评判自己能去什么单位能干什么样的工作，那么你离成功就不远了。

【参考文献】

［1］乔尹．笑傲职场．北京：中国发展出版社，2005.

［2］刘大维．老板欣赏这种人．北京：新华出版社，2004.

［3］甄茜，陈桦，李继宏．直面办公室政治．北京：中国社会科学出版社，2003.

［4］现代青年（细节版），2007，5.

［5］陈平．商务礼仪．北京：中国电影出版社，2005.

［6］胡宝林．会说话，会办事，会做人．北京：华文出版社，2010.

［7］韩冰．一分钟袖珍故事：财富讲义．西安：未来出版社，2006.

［8］郑桂杰．副手的处事技巧．北京：中国华侨出版社，2007.

［9］［美］彼得·德鲁克．怎样给猎狗分骨头．杨水秀，译．哈尔滨：哈尔滨出版社，2000.

第四章

爱情篇：相思似海深，旧事如天远

爱情对于人们来说似乎永远是一个解释不清的问题，在岁月的长河中，有的人收获了爱情，有的人错过了爱情，那么到底什么是爱情呢？

爱情的英文是 love，有人就解释说 love 的真正含义是这样的：L——listen（倾听）；O——obligate（感恩）；V——valued（尊重）；E——Excuse（宽恕）。在爱的过程中懂得倾听对方的思想，懂得彼此感谢对方给予的爱，懂得去尊重彼此，懂得宽恕彼此的小过失……那么这份爱又怎么会不能持久呢？

一份真正的感情，需要彼此的珍惜；一份执著的守望，需要彼此的用心。不是所有的等待，都能守候成美丽的风景；不是所有的感情，都能成为美丽的故事。用心珍惜每一份爱，用心付出每一份情，爱就能在珍惜里温暖，情就能在守候里长久。平淡的相守，最长久；温暖的呵护，最知心。如水的日子，无须天长地久的誓言，只要默默地守候；平淡的岁月，无须浪漫激情的等候，只要静心相依。真心相待，才能不离不弃；用心呵护，才能温暖相依。走过风，走过雨，还能守候如初；淌过山，经过河，依然温暖如旧。人生最美的风景，就是你在，我在，温暖常在。在乎，便是幸福。风起，一起挡风；雨落，一起遮雨。默默把彼此放在心中，轻轻感受彼此的温暖。爱就在心中缓缓流淌，无言也是温暖；情就在眉尖柔柔舒展，无声也是幸福。暖暖的在乎，深深的疼惜，便是生命中最美的守候。

第一节　拨动心弦的夕阳余晖

原文

教我如何不想她

刘半农

天上飘着些微云，
地上吹着些微风。
啊！
微风吹动了我的头发，
教我如何不想她？

月光恋爱着海洋，
海洋恋爱着月光。
啊！
这般蜜也似的银夜，
教我如何不想她？

水面落花慢慢流，
水底鱼儿慢慢游。
啊！
燕子你说些什么话？
教我如何不想她？

枯树在冷风里摇，
野火在暮色中烧。
啊！

西天还有些儿残霞，
教我如何不想她？

含英咀华

刘半农是最早从事新诗创作的诗人之一，在新文学运动中是一员骁将。《教我如何不想她》写于1920年9月，初刊于1928年版的《新诗歌集》，赵元任为此词作了曲。

诗作发表时题为《情歌》，后改为《教我如何不想她》。在我国古代的文言文中，是没“她”这个字的。不管男人女人，一律用“他”表示。刘半农认为不分性别，一律用“他”，是古汉语的一大缺陷，就别开生面地造出一个“她”字。据赵元任1981年回国访问时透露，这首歌中的她，不仅是指互相思慕的情侣，“而代表一切心爱的他、她、它”。他说，当时词作者刘半农教授正旅居英国伦敦，故有强烈的思念祖国和怀旧的感情。如此看来，这首诗是诗人爱国之情的真切流露，是一首抒发内心真挚而热烈情感的情歌。

诗句含有浓厚的情感，极具感染力。诗歌共分四节，每节开头都汲取了歌谣中最常用的“比兴”手法。通过对某种景致的描写，借景传情、渲染烘托“教我如何不想她”的内涵。第一节先写微云在天上飘着，微风在地上吹着，“浮云游子意”，油然而生思念之情。“微风”“微云”作为一种起兴，如同江河、明月一样，多为诗人创造而用以暗示思恋之情的一种媒介，在情景上对应着淡淡的思恋之情的苦涩，作为全诗的开头颇为贴切。第二节写月挂中天，大海在月光的照射下泛着银光，“月是故乡明”，在此节中诗人通过月光与海洋契合无间、依傍难分的拟人化描述，极富联想地表达出诗人内心缠绵不舍、依恋难分之情。创造了一个“蜜也似的银夜”下苦恋的意境。第三、四节扩展开来，写自己的思恋是年复一年。先写暮春时节，用水上浮花、河底游鱼这两组含有飘忽不定、孤苦无依的象征意义的意象，加上“慢慢”，表现了诗人情思的急切和思念不成的无可奈何之状。就连传递家乡信息的燕子的言语也没有听清楚，这就更加深了诗人的失落感。第四节写残冬将尽，冷风、枯树、暮色、野火、残霞，更让自己难耐身在异国他乡的凄凉。“枯树”“野火”对得很有特色，使“冷”与“热”即诗人的苦闷与焦灼相辅相成，互为烘托。把残霞比喻成野火而不是烈火，也更符合诗人游子的身份，并使人联想到春风，从而多少寄寓了诗人的一些希冀。整首诗意境氛围由淡而浓，情感节奏由轻而重，使内容主旨由浅入深。春夏秋冬，无论季节如何变化，都无法阻止对“她”的思念。

这首诗不但成功地运用了中国传统诗词的比兴手法，而且吸收了西方诗的重视联想与暗示的长处。同时，诗歌还注意到听觉形象的要求，形象生动鲜明，语言通俗简洁，节奏流畅，格式整齐匀称，兼用复沓和叠句，更显余音萦绕、意味无穷，确实是初期白话诗中的成功之作。

泛舟经典

一棵开花的树

席慕蓉

如何让你遇见我
在我最美丽的时刻 为这
我已在佛前 求了五百年
求他让我们结一段尘缘
佛于是把我化作一棵树
长在你必经的路旁
阳光下慎重地开满了花
朵朵都是我前世的盼望
当你走近 请你细听
那颤抖的叶是我等待的热情
而当你终于无视地走过
在你身后落了一地的
朋友啊 那不是花瓣
是我凋零的心

诗之灵魂在于情，情真意切才有诗。席慕蓉的《一棵开花的树》把一位少女的怀春之心表现得情真意切，震撼人心。

“如何让你遇见我/在我最美丽的时刻”。诗一开篇，一位美丽端庄，大胆坦率的少女形象倾泻而出，鲜明动人。没有惊天地、泣鬼神的山盟海誓，“最美丽”三字把少女追求纯洁、神圣、伟大、美好的爱情之心描绘得细致入微而又淋漓尽致，却又没有一丝一毫的矫揉造作，是少女心之真之诚的自然流露。

“阳光下慎重地开满了花/朵朵都是我前世的盼望”。有人说，爱情是缘分，爱一个人与不爱一个人，是感觉，是无法选择的，任何的努力都是刻意勉强，是徒劳白费。然而，茫茫人海中，又有多少人排着队，拿着爱的号码牌，向左向右向前看，爱要拐几个弯才来？我等的人，他在多远的未来？如果说，缘在天意，那么，分在人为。现代人所奉承的有缘无分，是一种消极的自我放弃的安慰。诗中女子，在意中人“必经的路旁”“慎重地开满了花”，是爱的宣言，是积极成就与其意中人“分”的举动。“慎重”一词更细腻地刻画了女子努力完善自我，用一颗真心去眺望爱情的心理活动。人生匆匆，在我们不经意间流走的又岂止是爱情呢？成功三分天注定，七分靠打拼，爱拼才会赢。

“在你身后落了一地的/朋友啊 那不是花瓣/是我凋零的心”。当意中人“无视地走过”，那落了一地的不是花瓣，是少女凋零的心，是泪，是血，是失落，如泣如诉，其凄凉之状，催人泪下。然而，落红不是无情物，化作春泥更护花。那落了一地的更是少女的心之无愧，情之无悔，生之无憾。其情之真，意之切，追求之心之执著，倒真是惊天地，泣鬼神了！

经典心语

杂志说：爱是住在两个不同身体的同一个灵魂。

圣经说：爱是恒久忍耐，又有恩慈；爱是不嫉妒，爱是不自夸，不张狂，不做害羞的事，不求自己的益处，不轻易发怒，不计算人的恶，不喜欢不义，只喜欢真理；凡事包容，凡事相信，凡事盼望，凡事忍耐。爱是永不止息。

纪晓岚当年回答乾隆的提问：篮子里放的什么东西？为什么篮子里放的物品叫“东西”，不叫“南北”呢？南属火，北属水，水火是无法放在篮子里的。东属木，西属金，金木才能够装在篮子里。按照纪晓岚的说法，爱情应该叫“南北”。因为爱情有水的温柔，有火的热烈。另外，爱情如果出故障，就会陷入“水深火热”。

我们讨论着爱情，剖析着爱情，看着爱情的种种教程，研习爱情。可当爱情真正地到来，我们总是琢磨不透它，因为当爱情来临时，我们最先琢磨不透的是自己。

其实爱情从来都没有捷径，也没有完美无瑕，只有经营，只靠真心。

那么，爱情到底是什么？爱情是一种思念，刻骨铭心；爱情是一种等待，望穿天涯。爱情是生命中，总有一个人，缠绕在心头，挥之不去；爱情是总有一段情，旖旎在眉间，念了又念。爱情是所有的欢喜，都是一个方向；所有的落寞，都是一个位置。爱情是为了牵念，可以低到尘埃；为了期盼，可以忘却自己。爱情是渴望着温馨相伴，等待着真情相拥。爱情是思念时无声，心却在朝与暮；等待时无语，情已在晨与夕。爱情是有的人，见与不见，皆在心中；有些情，念与不念，都是温暖。情，不在拥有，用心珍惜，才能长久；爱，不在嘴边，挂念在心，方能相依。爱情的缘分，不论早晚，倾心便能相知；爱情的牵念，无论远近，倾情才能唯一。爱，无声，只能用心默默聆听；情，无语，只能用心悄悄牵念。一种爱，是心的默契，一种情，是心的守望。天涯外，是一份遥望；咫尺内，是一份温暖。没有风的忧伤，只愿雨的洁净相伴；没有海的誓言，只愿水的温柔以报。默默地守候，深深地疼惜，一句懂得，胜过千言万语，一句我在，便是春暖花开。

因此，爱情需要等候。人生不仅仅是一场冒险，于千山万水间期待一次华丽的邂逅；也是一次耕种，春华秋实，经历一种安定与缓慢的成长。

爱情也需要取舍。就好比小孩子去海滩捡贝壳，这个游戏的意义不在于比谁捡得大捡得漂亮，而在于你找到了自己喜欢的那一个，就细心收藏妥帖安放，从此再也不到海滩去。

爱情绝不需要比较。狐狸没有吃到葡萄，说葡萄酸，这当然是自欺欺人。但是爱情中就是要有这种自欺欺人的态度，你已经在吃菠萝了，还想着葡萄的甜，这就是心态有问题。人得明白，所有的幸福都是相对的。

爱情是责任。就像你收养了一只小土狗，虽然和其他小狗相比，你的小土狗谈不上珍贵，谈不上漂亮，还随地大小便，但你还是愿意天天遛它，给它吃好吃的，给它治病，再也不舍得让它去流浪。

我们的爱情埋的是理想的种子，但需要根植于现实。需要懂得拒绝也更敢于给予。我们的双脚踩在地上，但是梦想却必须更加明亮。我们应该要开始去做一些以前想不到，但是确实应该做的事情。我们可以选择一条不那么梦幻，但是必须精彩的道路。

其实爱情，就是生命里的一抹春光。有乍暖还寒的起伏，有无限春光的旖旎，有万紫千红的绚烂。这个世界上没有真正的南墙，就算我们真的不小心撞了上去，大可破墙而出。把所有的经历当做是生命里的章节，好好感受就好。永远不要对生命失望，不要对爱情失望。在你将眼睛锁定在某一个人身上时，不需要别的，只需要把你的右手按住左面胸口，看向前方，享受春光。

知识徜徉

死生契阔，与子成说。执子之手，与子偕老。

——《诗经·邶风·击鼓》

青青子衿，悠悠我心。纵我不往，子宁不嗣音！

——《诗经·郑风·子衿》

彼采葛兮，一日不见，如三月兮！彼采萧兮，一日不见，如三秋兮！彼采艾兮，一日不见，如三岁兮！

——《诗经·王风·采葛》

山有木兮木有枝（知），心悦君兮君不知？

——《越人歌》

思君令人老，岁月忽已晚。

——《古诗十九首·行行重行行》

上邪！我欲与君相知，长命无绝衰。山无陵，江水为竭，冬雷震震，夏雨雪，天地合，乃敢与君绝！

——《汉乐府民歌》

从此无心爱良夜，任他明月下西楼。

——（唐）李益《写情》

忆君心似西江水，日夜东流无歇时。

——（唐）鱼玄机《江陵愁望有寄》

曾经沧海难为水，除却巫山不是云。取次花丛懒回顾，半缘修道半缘君。

——（唐）元稹《离思五首》

人道海水深，不抵相思半。海水尚有涯，相思渺无畔。

——（唐）李冶《相思怨》

相思相见知何日，此时此夜难为情。

——（唐）李白《三五七言》

入我相思门，知我相思苦，长相思兮长相忆，短相思兮无穷极，早知如此绊人心，何如当初莫相识。

——（唐）李白《三五七言》

在天愿作比翼鸟，在地愿为连理枝。天长地久有时尽，此恨绵绵无绝期。

——（唐）白居易《长恨歌》

春心莫共花争发，一寸相思一寸灰。

——（唐）李商隐《无题》

身无彩凤双飞翼，心有灵犀一点通。

——（唐）李商隐《无题》其一

人生自是有情痴，此恨不关风与月。

——（宋）欧阳修《玉楼春·尊前拟把归期说》

十年生死两茫茫，不思量，自难忘。

——（宋）苏轼《江城子·乙卯正月二十日夜记梦》

花自飘零水自流，一种相思，两处闲愁。

——（宋）李清照《一剪梅》

两情若是久长时，又岂在朝朝暮暮。

——（宋）秦观《鹊桥仙》

我住长江头，君住长江尾。日日思君不见君，共饮长江水。

——（宋）李之仪《卜算子》

多情自古伤离别，更那堪冷落清秋节。

——（宋）柳永《雨霖铃》

衣带渐宽终不悔，为伊消得人憔悴。

——（宋）柳永《蝶恋花》

问世间情是何物，直教生死相许。

——（元）元好问《摸鱼儿·雁丘词》

原文

世界上最遥远的距离

泰戈尔

世界上最远的距离

不是 生与死
而是 我就站在你的面前 你却不知道我爱你

世界上最远的距离
不是 我就站在你的面前 你却不知道我爱你
而是 明知道彼此相爱 却不能在一起

世界上最远的距离
不是 明知道彼此相爱 却不能在一起
而是 明明无法抵抗这股思念
却还得故意装作丝毫不把你放在心里

世界上最远的距离
不是 明明无法抵抗这股思念
却还得故意装作丝毫不把你放在心里
而是 用自己冷漠的心 对爱你的人
掘了一条无法跨越的深渠

The Furthest Distance in the world

Tagore

The furthest distance in the world
Is not between life and death
But when I stand in front of you
Yet you don't know that
I love you.

The furthest distance in the world
Is not when I stand in front of you
Yet you can't see my love
But when undoubtly knowing the love from both

Yet cannot be together.

The furthest distance in the world
Is not being apart while being in love
But when I plainly cannot resist the yearning
Yet pretending you have never been in my heart.

The furthest distance in the world
Is not struggling against the tides
But using one's indifferent heart
To dig an uncrossable river
For the one who loves you.

含英咀华

偶然读到《世界上最遥远的距离》这首诗，觉得很感动。诗歌韵味无穷，简练而精致的文字折射出深刻的人生哲理，言之有物，精美优雅，读起来亦是催人泪下，久久难以忘怀。

是的，有一种比生与死更为遥远的距离，那不是时间上的跨越古今，也非空间上的囊括宇宙，而是一种最难逾越的距离，那是心与心的距离。

生与死本是一种永远无法融合的距离。而近在咫尺却形同陌路，那是与所爱的人更为遥远的距离。

相爱却不能相处，有情人却不能成为眷属，是千古遗憾，是有情人之间最遥远的距离。

明明深爱却装作毫不在意，是矛盾和痛苦、逆离真心的距离。

可是比这些更为遥远的距离，你亦可知？

那是心的冷漠，是对爱的藐视，是面对爱自己的人断然掘上一条无法跨越的沟渠，把爱远远拒绝在自己世界之外。

距离原本可以产生美，但是这种世界上最为遥远的距离却是痛苦的。

全诗以爱为主线，诗人敏感的字里行间，流露出痛苦而无奈的情怀，不能不令人为之动容。

诗歌简短而齐整，全诗由四组“不是……而是……”构成，采取对比的手法，层层深入，把读者带到了那种遥远距离的意境之中，同时把诗人的伤感情怀感染给每位读者。使人读至最后，世界上最遥远的距离实际上是心与心的距离之时，却已泪眼模糊。

人，为何不能够放下自己内心的冷漠，把心与心的距离拉近，好好去感受别人赋予你的关爱呢?

别再让心与心的距离成为世界上最遥远的距离!

这是一种悲哀。

泛舟经典

当你老了

威廉·巴特勒·叶芝（袁可嘉 译）

当你老了，头发白了，睡意昏沉，
炉火旁打盹，请取下这部诗歌，
慢慢读，回想你过去眼神的柔和，
回想它们昔日浓重的阴影；

多少人爱你青春欢畅的时辰，
爱慕你的美丽，假意或真心，
只有一个人爱你那朝圣者的灵魂，
爱你衰老了的脸上痛苦的皱纹；

垂下头来，在红光闪耀的炉子旁，
凄然地轻轻诉说那爱情的消逝，
在头顶的山上它缓缓踱着步子，
在一群星星中间隐藏着脸庞。

这首诗写于 1893 年，当时叶芝 29 岁，在执著地爱恋并追求莫德·冈 5 年未果之时，

黯然神伤，写下这首爱情诗。这首诗带有唯美主义倾向和浪漫主义色彩，抒发了一种圣洁而诚挚的感情。全诗共分三节。这三节诗，有起有结，相互照应，颇具匠心。第一节开篇点题，以一个假设性的时间状语开头，诗人想象若干年后年迈的恋人在炉火旁阅读诗集的情景。她满头染霜，独自坐着，但是她并不孤单，因为叶芝的诗陪伴着她。当她轻轻吟诵时，将回忆起过去的一切：她美丽的眼睛、柔美的光芒和幽深的晕影。叶芝写这首诗时才 29 岁，而莫德·冈才 27 岁。但“当你老了”这种假设却因为“头发白了”“睡意昏沉”“炉火旁打盹”这些意象而具体起来，“老了”的那一刻一下子来到了我们面前，它是朦胧的、静止的，然而又是那么的生动。

第二节是全诗的重心，诗人采用对比的手法巧妙地表达了自己的一片深情。“多少人爱你青春欢畅的时辰，爱慕你的美丽，假意或真心，只有一个人爱你那朝圣者的灵魂，爱你衰老了的脸上痛苦的皱纹”。诗人指出，他人爱的是你的青春欢畅和你的美丽外貌，而我爱的是你那为民族自由奋斗不息的圣洁心灵。哪怕青春的绿荫纷纷落尽，“我”也会依然深爱着“你”脸上的哀戚和皱纹。与那些人相比，诗人的爱无疑更加深沉、更加真挚、更加忠贞。时间给爱情带来了重重的考验，然而时间也验证了爱情。只有经过时间的千锤百炼，爱情才能坚如磐石、历久弥新。

第三节又转向未来虚拟的意境之中。诗人的语言像羽绒一样轻柔，温和地引导恋人提前进入那时光隧道——“当你老了”，“你”昔日的秀发已白发苍苍，“你”的脸庞不再光洁灿烂，“你”的身子佝偻，靠着炉火打盹，“我”却依然为“你”的衰老而心痛，“我”却依然为“你”敲响爱情的钟声，到那时“你”才会明白“我”的深情与忠诚。诗人在现实中的爱情是那么无望，他只好引导对方设想多年后的场景，希望恋人看到这首诗后能早一点明白他一片痴情，而不要等到多年以后，当一切都已成为永久的痛。接下来诗人写道：“在头顶的山上它缓缓踱着步子，在一群星星中间隐藏着脸庞。”诗人的爱情并没有烟消云散，而是在头顶的山上流连，不忍离去，最后在一群星星之间，隐藏了自己。这两句中的“山”和“星星”的意象，拓展了诗的意境和空间，让人感到一种圣洁的美丽，诗人的爱向着纯净的崇高境界不断升华，升华到无限的空间中，成为一种永恒。

整首诗韵律齐整，语言简明，意境优美。诗里没有华丽的辞藻，朴素平淡的文字背后却潜藏着磅礴的情感。

经典心语

真正的爱，是接受，不是忍受；是支持，不是支配；是慰问，不是质问。

真正的爱，要道谢，也要道歉；要体贴，也要体谅；要认错，也好改错。

真正的爱，不是彼此凝视，而是共同沿着同一方向望去。

也许，爱，不是寻找一个完美的人；而是，要学会用完美的眼光，欣赏一个不完美的人。

牵了手，就不要随便说分手。

或许，爱就是心甘情愿的付出，甘苦与共的分享。

不要等到失去了才知道可贵；不要等到伤害了才来乞求原谅；有些东西失去了永远不会再回来。

如果一个人向你表白，无论如何请珍惜他/她对你的爱，即使只能做普通朋友；或许一个人纯真的表白不会再有第二次。

真正的爱情不在于你知道他（她）有多好才要在一起；而是明知道他（她）有太多的不好还是不愿离开。

因为善良，所以可爱；因为可爱，所以美丽；因为美丽，所以向往；因为向往，所以相爱。

也不是因为孤独才相爱，而是要让相爱的人不再感到孤独。

能够治愈所有创伤的，是爱，而不是时间。

人的一生，总会有大段的平淡，打断不尽如人意的遭遇，是爱，让我们想到美好，仍然有希望。

有爱，你就不会感到艰难是一种负担。

珍惜现在拥有的，远远比追求还没有的更重要。

喜欢不是爱的条件，爱是无条件的。

爱是理解与宽容，爱是自觉与自愿；爱是鼓励与支持，爱是安慰与规劝。

爱是责任和义务，爱是给予与期盼；爱是关心与呵护，爱是目标和手段。

爱是承诺和信守，爱是力量和源泉。

爱如一朵花，开了很久，不忍舍弃；爱似一个人，念了很久，不忍忘记。生命中，总有一段情，难舍；总有一个人，难忘。那留存在心底的记忆，模糊着双眸，缠绵在心中的不舍，扰乱着心尖。或许只有走过风雨，才懂得不舍的是深爱；经过患难，才知道不变的是真心。平淡中的相守，最是美丽；风雨中的陪伴，才最是温暖。真正的感情，无须海誓山盟的誓言，只要默默珍惜；真正的陪伴，无须天涯海角的遥望，只要彼此都懂。爱是在细水长流中，默默守候一份平淡的感情；爱是在风风雨雨中，静静相伴走过岁月沧桑。爱，在平淡中温暖；情，在相守中丰盈。纵使相遇很美，美到心动；纵使缘分很暖，暖到落泪。而生命中总有一次相遇，让山水相依偎；总渴望一次心动，让天涯化咫尺。我们期盼一份情，可以在风的呢喃里，柔柔诉说；我们执妄一份念，可以在雨的柔情里，轻轻曼舞。我们约定牵着彼此的手，走进对方心中；我们念着彼此的暖，深知对方的意。爱，在天涯，温暖相依；情，在山水，旖旎共舞。唯有懂得，无论天涯，亦能相知；唯有温暖，无论海角，亦能相牵。心与心彼此靠近，魂与魂彼此相依。无须浪漫的誓言，彼此有情，无论此岸彼岸，你心永似我心；无须缠绵的心跳，彼此有爱，无论天涯咫尺，温暖永相依。爱在心间，相守便是温暖；情在心中，懂得便是最美。

知识徜徉

真正的爱情能够鼓舞人，唤醒他内心沉睡着的力量和潜藏着的才能。

——（意大利）薄伽丘

爱情里要是掺杂了和它本身无关的算计，那就不是真的爱情。

——（英）莎士比亚

爱就是充实了的生命，正如盛满了酒的酒杯。

——（印度）泰戈尔

金钱搅在爱情一块儿，不是太丑恶了吗？

——（法）巴尔扎克

心灵不在它生活的地方，但在它所爱的地方。

——英国谚语

爱整个人类可能是一件易事，认真地去爱上一个人却很难。

——谚语

毫无经验的初恋是迷人的，但经得起考验的爱情是无价的。

——（俄国）马尔林斯基

爱情，是爱情，推动着世界的发展。

——（罗马）维吉尔

当你真爱一个人的时候，你是会忘记自己的苦乐得失，而只是关心对方的苦乐得失的。

——（法）罗曼·罗兰

一生至少该有一次，为了某个人而忘了自己。不求有结果，不求同行；不求曾经拥有，甚至不求你爱我；只求在我最美的年华里，遇见你。

——徐志摩

我将在茫茫人海中寻访我唯一之灵魂伴侣。得之，我幸；不得，我命。

——徐志摩

于千万人之中遇见你所要遇见的人，于千万年之中，时间的无涯的荒野里，没有早一步，也没有晚一步，刚巧赶上了，那也没有别的话可说，唯有轻轻地问一声："噢，你也在这里吗？"

——张爱玲

第一节 那一场风花雪月的约

原文

想你，是戒不掉的瘾

你一念之差，我动情一场，难挡一地情伤。寂寞如霜，暗夜里伤你入骨，一窗明月，照你皑皑似雪的孤独。不经意，我轻呵成画，霜雪融一泓春水，漪澜荡漾，情生若莲。一念之间，你说天涯不再远，却不知，仍是红尘误。

在你的暧昧里沉沦，在你的挂怀里沉溺，在你的笑颜里沉醉，如蛊，如鸩，如罂粟，无药可求。而我，甘愿中这盏思念的毒，哪怕，见血封喉。

错在，我不该动情，不该赴这一场风花雪月的约。

再躲藏，也逃不脱转身的宿命，掌心的相思，依旧刺眼得惊艳。不能够不想你，只是，太凌厉、太突兀的决绝，再也找不回心动如初。那一地的情伤，是你眼中一抹残红，是我心里一弯青痕，风过残红无迹，泪浸青痕犹深。只差一步，是相思，而不是相爱。

你说，你想我了。你说，我是你的。你说，你中了我的毒。你说，要我替你照顾好我自己。只是，要在“说”字前面加上“曾经”，那痛断肝肠的曾经，那锥心刺骨的曾经……

是不是，你烟花般的想念，炫美却不久长；是不是，你弦月般的迷离，静美却不圆满；是不是，你流云般的温柔，幽美却不始终；是不是，你春风般的牵念，柔美却不真实。

或许，你要的爱，我给不了，一步之遥，心字成灰。或许，你不曾用心爱过，所以，只是相思不是愁。也许放弃，才能靠近你；不再见你，你才会把我记起。你的沉默，让我选择了放弃，你的冷漠，让我不能靠近。不明了，你能说开始，为何不能说结束？既然会结束，又何必开始？你眼中的深海，是为谁明媚的烟波蓝？你可知，谁在为你情散如烟？“与君初相识，犹如故人归”，虽是陌上花开，你的寂寞我看得见。

“青青子衿，悠悠我心”，那一眼，我心流连。“风住尘香花已尽”，任指间的等待落落枯萎，瓣瓣成殇。“思君令人老”，难眠的暗夜，老的，除了月色，还有心。

终是，无言的结局，宛如雁阵南飞的行行悲凉，宛如繁华落尽的点点苍凉，天地间，泪如雨下，漫了来世今生的过往。

此时，你是否，还会把我记起？月浅灯深，梦里青颜何处寻？不想让你知道，想你，是我戒不掉的瘾……

含英咀华

“再见亦是朋友”，这是恋人分开后最常说的一句话，但又有多少人做得到？除非两人在一起的时候各自都没有付出过。人本身就是一种难以捉摸的物种，再加之他们与生俱来的情感线。所以，在生活中我们经常看见谁谁谁为情所伤，或是颓废生活着，或是关上心门，或是远离伤心之地，或是随便找个凑合着……在他们内心深处总是住着一个不可能的人。

爱情就是一场风花雪月的约，要赴约就必须做好所有的心理准备，风也会是狂风，花也会是臭花，雪也会是暴雪，月也会是残月。希腊神话中的美神是断臂，人们说正是她的断臂才造就她的完美。爱情也一样，有一点波澜才会显得它美丽。

情海无情波涛汹，风流淹没红尘中，大浪淘尽多少痴情种：雷峰塔压白娘子，红楼梦中梦难醒，杜十娘怒沉百宝箱，孟姜女哭长城，梁山伯祝英台幻化成蝶，罗密欧朱丽叶为爱殉情……他们唱是千古绝唱。

泛舟经典

海的女儿

［丹麦］安徒生　（叶君健 译）

在海的深处，水是那么蓝，又是那么清。最深的地方是海王的宫殿。海王同他的老母亲和 6 个美丽的女儿生活在一起。6 个女儿都没有腿，她们身体的下部是一条鱼尾，因此她们又叫人鱼。其中最小的人鱼最美丽。

小人鱼的奶奶给她讲了许多故事，最使她向往的是陆地上的情景：花儿能散发出香气，森林是绿色的，而且树枝间游来游去的“鱼儿”会唱得那么好听。

“等你满 15 岁的时候，我就准许你浮到海面上去。”奶奶许诺说。

等啊，等啊，小人鱼终于到了 15 岁。这天，她浮出了海面。

小人鱼看见一艘大船。每次当海浪把她托起来的时候，她可以透过像镜子一样的舷窗，望见里面站着许多服装华丽的男子，他们中间最美的是一位有一双大眼睛的王子，看样子，他的年纪还不到 16 岁。

啊，那位年轻的王子是多么英俊啊！已经很晚了，但小人鱼舍不得离去。

忽然在海的深处传来了一阵嗡嗡和隆隆的声音。浪涛怒吼，乌云翻腾，电闪雷鸣。啊，可怕的风暴到来了！这条巨大的船开始倾斜了。小人鱼知道他们遇到了危险。当船身开裂、开始下沉的时候，小人鱼看见了王子。绝不能让他死去！小人鱼赶紧游过去，把他的头托出水面，他们随着浪涛一起向前漂去。

终于漂到了岸边，小人鱼把王子放在沙滩上，然后躲到一块大石头后面，看有谁会来到这个可怜的王子身边。

过了一会儿，走过来一位年轻的女子。她似乎非常吃惊，马上找来了几个人把昏迷的王子抬进了一幢高大的房子里。小人鱼跳到海里，游回去了。

接下来的好多个日子，小人鱼一次次浮出水面，向她曾经放下王子的那个地方游去。小人鱼在沙滩上看到附近花园里的果子熟了，被摘下来了；她看到高山顶上的雪融化了；但是她却没有看到那个王子。

小人鱼忍不住把心事告诉了姐姐们，有一位姐姐正好知道王子在哪儿。后来小人鱼经常游到王子住的地方去，看那里发生的一切。渐渐地小人鱼开始爱上了人类，开始盼望能够生活在他们中间。

一位老奶奶告诉小人鱼：只要变成人，并能得到人类的爱情，就可以得到一个不灭的灵魂。小人鱼高兴极了。下定了决心之后，她便去找海巫婆。

巫婆说："我可以煎一服药给你喝，你的尾巴就可以分做两半，变成人类的腿了。可这是很痛的——就好像有一把刀劈开你的身体，你迈每一步都会像是走在尖刀上。如果你能忍受得了，我可以帮你。"

"我可以忍受。"小人鱼用颤抖的声音说。

"可是要记住，"巫婆说，"你一旦获得了人的形体，就再也不能变成人鱼了，就再也不能回到宫殿里来了。但是如果你得不到王子的爱情，你就不能得到一个不灭的灵魂。在王子跟别人结婚的第一天早晨，你就会变成水上的泡沫。""我不怕！"小人鱼说。

贪心的海巫婆要去了小人鱼美丽的声音作为酬劳。

当小人鱼来到王子的宫殿时，太阳还没有升起来。她庄严地走上那大理石台阶，喝下了那服药。她马上感觉到好像有一把刀子劈开了她纤细的身体，她痛得昏了过去。当太阳照到海上的时候，她才醒过来。那位年轻貌美的王子站在她的面前，乌黑的眼珠看着她。这时她发现下半身的鱼尾真的变成了腿！王子问她是谁，怎么到这儿来的。她用她深蓝色的眼睛温柔而又悲哀地望着他，因为她现在已经不能讲话了。他挽着她的手，把她领进宫殿里。她觉得每一步都好像是在刀上行走。可是她情愿忍受这种苦痛。

王子一天比一天喜欢小人鱼了。但是他从来没有娶她为皇后的意思，因为他在想那个曾经在海边救过他的姑娘。他不知道把他从海里救上岸的就是小人鱼！然而小人鱼必须做他的妻子，否则她就不能得到一个不灭的灵魂，而且会在他结婚的第一个早上就变成海上的泡沫。

大家传说王子快要结婚了，未婚妻子是邻国国王的女儿，说她曾救过王子。

小人鱼知道了这个消息后，觉得她的心在碎裂。她知道王子结婚后，自己就会变成泡沫。为了王子，她离开了她的家庭，她交出了她美丽的声音，她每天忍受着巨大的苦痛，然而王子却一点儿也不知道。

王子的婚礼定在船上举行……

欢乐的婚礼结束后，船上安静下来了。小人鱼把她洁白的手臂倚在船舷上，向东方凝望，等待着晨曦的出现——她知道，头一道太阳光一出现她就会灭亡。这时，她的姐姐们从波涛中出现了。

“我们已经把头发交给了那个巫婆，请求她能帮助你。她给了我们一把刀子。她说，在太阳没有出来以前，你把它插进那个王子的心里去。当他的热血流到你脚上时，你的双脚将会又连到一起，成为一条鱼尾，你就可以恢复人鱼的原形，你就可以回到我们这儿来。这样，在你没有变成无生命的泡沫以前，你仍旧可以活过你三百年的岁月。快动手吧！在太阳没有出来以前，不是他死，就是你死了！”说完，姐姐们不见了。

小人鱼掀开紫色的帷幕，看到那位美丽的新娘把头枕在王子的怀里睡着了。她向尖刀看了一眼，然后又把目光转向王子。刀子在小人鱼的手里抖动着。忽然，小人鱼把刀子远远地向浪花里扔去。刀子沉下去的地方，浪花发出一道红光，好像有许多血滴溅出了水面。小人鱼最后模糊地看了一眼王子，然后跳到了海里，她觉得她的身体在一点点融化成为泡沫……

此刻，大海上升起了一轮红日，阳光柔和而温暖地照在这些泡沫上，小人鱼看到光明，看到海上飞翔的小鸟、船上的白帆和天空的云朵，而且觉得自己正渐渐地从泡沫中升起来。

你知道吗？由于小人鱼有过美好的追求，特别是在关键时刻表现出的善良，她并没有从世界上消失，她已经超生到精灵的世界里了。

经典心语

舒婷说：“我如果爱你绝不学痴情的鸟儿，为绿荫重复单调的歌曲；也不止像泉源，长年送来清凉的慰藉；也不止像险峰，增加你的高度，衬托你的威仪。”说明在现实生活中有一种不计较回报的单方面奉献的爱，受“爱”的一方甚至不知道，有人为他们付出了很多，牺牲了很多，于是有人把这种类型的人叫做“爱情傻子”。

《海的女儿》是世界十大经典爱情故事之首，小人鱼那种痴恋，震撼了中外多少痴情

汉。只能叹一句："自古多情空余恨，此恨绵绵无绝期。"爱情，本来就是一场残酷的循环，总是要有人去做我们自己做不到的事情。一个人，爱一个人，竟然能够不让他知道，承受着爱他所带来的一切痛苦，还要承受他的漠视，承受着他去爱别的人，最后还要为拯救她所爱的人献出自己的生命。这样的爱情，真的是前无古人，后无来者。

爱是美好的，在每个行走的躯体懵懂地听说"爱情"这个词的时候，都渴望着遭遇一段风情的约会，都期盼着沐浴千般的真情爱意。但事实却又不如人所愿，两厢情愿又浪漫又能执子之手与子偕老的爱情，终究在童话故事中。在青涩岁月中，不夹杂任何现实物质色彩的情感中，就出现了很多诸如单恋、暗恋之类的情感，问之便一副落寞之样说："他若安好，便是晴天。"

但如今的时代，爱情已经不再是"美人鱼"的时代了，沧海桑田，时过境迁，爱情这个永恒不变的主题，就如鲁迅所说的："它在时时更新，生长，创造。"一味地奉献，一味地付出，是否真的能让自己成为经典？能否真能让自己变得伟大？能否真让这种"爱"成为一种幸福？显然，不能。所以，我们要做的是追求属于自己的值得拥有的，不要空望着盲目地去追求"镜中之月"，宁愿清醒忍痛地放弃，也不在爱的梦里委屈。

知识徜徉

经典爱情故事

罗密欧与朱丽叶

这个被伟大的莎翁在四百多年前用喜剧的形式改编出来的爱情故事，在某种程度上来说，是一部极富人文精神的爱情史诗。几百年来一直是人们津津乐道的对象。在莎翁的笔下，爱情是超越一切的。甚至可以超越门第、地位、家族偏见等这些就是在今天还被普通的英国人所重视的东西。

结论：残酷的爱情，任何伟大爱情的必由之路。

爱德华八世和辛普森夫人

这是近代以来最被人们津津乐道的一个爱情故事，直到如今还广为流传。在不列颠帝国将近千年的历史中，还没有一位国王会主动逊位。而他下台的原因却是为了两个字——爱情。这位使得他抛弃自己应有政治地位的女人，竟然是一位离过两次婚的美国女人。

为了爱情而抛弃王位的君主，从国家民族的角度来看，是不负责任，从人的角度来看，是把爱情当做自己毕生的信仰，是“人”这个概念的最完美的诠释。

结论：有代价的爱情，爱情的代价在蔑视爱情的人的面前是泰山，在珍视爱情的人的面前什么也不是。

罗伊和马拉

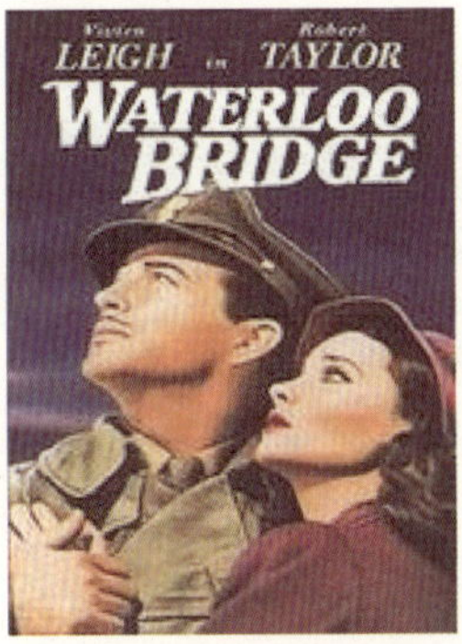

在伦敦的一座名叫华铁卢的桥上，一段美丽、哀婉、动人的爱情故事在炮火的轰鸣中悄悄地开始，在这个故事里面，没有一个坏人，我们看到的都是好人。罗伊和马拉在桥头相遇的一瞬，伟大的爱情就开始了。罗伊在雨中望着上面的窗户，在他们的故事里，是点睛之笔。就在两个人在前往教堂结婚的路上，才互相问了对方的名字。一切看似那么的荒诞不经，但却是那么的合情合理。就是这一段闪电般成熟起来的爱情，却让一个人因为爱对方而献出了所有，让另一个人把这份爱情永远放在自己的心里。罗伊和马拉的故事已经超出了门当户对的范围。

结论：永远的爱情，无法长相厮守的爱情，才会是永远的爱情。

爱斯梅哈尔达和撞钟人

在阴森森的巴黎圣母院里的那个撞钟人，被人们称为野兽，那个为避祸逃到了里面的波希米亚女人，被人们称为美女。美女和野兽的爱情，本来就是一种不对称的爱情，并且反差如此之大，给人的直观感觉，并非像这个伟大的爱情故事一样，那么令人动情，令人回味。但是在几百年以后的钟楼里，当人们看到了两具抱在一起的尸体时，一份感动，对爱情的感动，不禁油然而生。美女和野兽，在生命的最后一刻，抱在了一起，并且永远没有分开。

结论：最真实的荒诞的爱，也许爱这个字，本无所谓什么荒诞和真实，只要是爱。

幸子和光夫

20世纪80年代上半叶，风靡了整个华夏大地的故事，从拖沓冗长的剧情中可以看出，这部电视剧主要所讲的还不是关于爱情，而是更加注目于亲情。剧中两人相爱，只是为了今后的亲情悲剧做了一个很好的铺垫。尽管这个铺垫很巧妙，但是我们不得不承认它很残酷。好像是要逼着人们在爱情和亲情之间作出一个选择，这样的选择，对人类来说，是勉为其难的。所幸的是编剧在关键时刻，让幸子悄悄地死去，解除了我们的为难。我们的思想，在跨越人类道德最终底线的那一刻，被编剧生生地拉了回来。

结论：不可能的爱情，我们的这个社会还需要进化，我们要思考一下，道德和爱情，谁能超越谁。

梁山伯与祝英台

同窗之情衍化而来的爱，夹杂了很多物质观念、门第观念在里面，男女主人公最终没能在一起，最后只能选择双双化蝶。他们卑微的生命往往代表着自由。而向往爱情和自由的人们，往往会这样去做，因为这两点，就是他们的生命。

结论：无奈的爱情，只能在另外一个世界中寻找他们爱情的延续。

第二节　叩打心扉的天籁之音

原文

我只在乎你

邓丽君

如果没有遇见你，我将会是在哪里？日子过得怎么样，人生是否要珍惜？也许认识某一人，过着平凡的日子。不知道会不会，也有爱情甜如蜜？任时光匆匆流去，我只在乎你。心甘情愿感染你的气息。人生几何能够得到知己？失去生命的力量也不可惜。所以我求求你，别让我离开你。除了你，我不能感到，一丝丝情意。

如果有那么一天，你说即将要离去。我会迷失我自己，走入无边人海里。不要什么诺言，只要天天在一起。我不能只依靠，片片回忆活下去。任时光匆匆流去，我只在乎你。心甘情愿感染你的气息。人生几何能够得到知己？失去生命的力量也不可惜。所以我求求你，别让我离开你。除了你，我不能感到，一丝丝情意。

含英咀华

《我只在乎你》原唱邓丽君，是20世纪80、90年代红透一时的曲目，是爱情歌曲中经典之中的经典。现在耳边再次响起她的旋律，依然澎湃不已。这首歌让人怀念起琼瑶的好多经典之作，里面的男女主角都用“爱”在吟唱它。紫薇的“山无棱，天地合，乃敢与君绝”；依萍的“书桓走的第一天，想他，书桓走的第二天，想他想他，书桓走的第三天，想他想他想他”；致文的“如果你是我的女朋友，我不会让你掉一滴眼泪”……爱，是一种感动了天，感动了地，也感动了自己的东西。

好莱坞拍摄的《泰坦尼克号》，杰克和罗丝的“我只在乎你”，更是震撼了全世界的有情人，有心人。那举世无双的豪华巨轮，“世界工业史上的奇迹”，见证的是爱情的伟大。那是一种用生命去捍卫的情感，那是一种无条件的信任。在杰克眼中，罗丝是他唯一至上的爱人，为了保存她的生命，无论付出怎样的代价，经受何种焦灼之痛，哪怕为之奉献生命，也在所不惜，如此的牺牲，世间又有谁能轻易做到呢？

永远都记得最后那一幕，杰克泡在海水里，罗丝那撕心裂肺的呼唤：“杰克，杰克……”那是怎样的绝望与悲痛。在茫茫大海上，唯一的支持，唯一的希望就在自己身边慢慢逝去。活着是痛苦的，没有爱人温暖如春的怀抱，只有冰冷刺骨的海水荡漾在周围。于是闭上了眼睛，试图陪伴着自己所爱之人一起去到天国。“答应我，一定要活下去。”然而，就在那一刹那，耳边响起的，是挥之不去最深切的话语。

是的，答应了，所以履行诺言。就算再痛苦，就算再辛苦，爱情的诺言，一定不能违背。抓住他的手刻下最深情的吻。放开手，任由此生最爱渐渐沉入海底。她要活下去，无论如何，也要活下去。任时光匆匆流去，我只在乎你。心甘情愿感染你的气息。人生几何能够得到知己？失去生命的力量也不可惜。

泛舟经典

There you will be

《珍珠港》主题曲

When I think back on these times,
and the dreams we left behind
I'll be glad cause I was blessed to get,
to have you in my life
When I look back on these days,
I'll look and see your face
You're right there for me
In my dreams I'll always see you soar above the skies
In my heart there'll always be a place for you, for all my life
I'll keep a part of you with me,
And everywhere I am there you'll be
And everywhere I am there you'll be
Well, you showed me how it feels, to feel the sky within my reach
And I always will remember all, the strength you gave to me
Your love made me make it through, oh, I owe so much to you
You were right there for me
In my dreams I'll always see you soar above the skies
In my heart there'll always be a place for you, for all my life
I'll keep a part of you with me,

And everywhere I am there you'll be
Cause I always saw in you my life, my strength
And I wanna thank you now for all the ways,
you were right there for me
You were right there for me, oh, yeah
In my dreams I'll always see you soar above the skies
In my heart there'll always be a place for you, for all my life
I'll keep a part of you with me,
And everywhere I am there you'll be
And everywhere I am there you'll be
There you'll be

（译文）忆起这段日子，和我们留下的美梦，我觉得很欣慰，能在一生中遇到你，实在是我的福气。每次回望这段日子，我便看得到你的面容，你就在那里守候着我。我常梦见你的灵魂，悠游于蓝天白云之间，我这辈子都会在心里，为你留下一个位置。我留住了你心魄一隅，天涯海角有你相依。是你使我明白，触碰到天空的感觉如何，我会铭记你给我的力量，你的深情使我坚强，我该偿还几许爱意。你就在那里守候着我，我常梦见你的灵魂，悠游于蓝天白云之间，我这辈子都会在心里，为你留下一个位置。我留住了你心魄一隅，天涯海角有你相依，从你身上我发现了，我的光明与力量之源，现在我要用尽千方百计，去向你传达满腔谢意。你就在那里守候着我，你就在那里守候着我，一直都在那里。你就在那里守候着我，我常梦见你的灵魂，悠游于蓝天白云之间，我这辈子都会在心里，为你留下一个位置。我留住了你心魄一隅，天涯海角有你相依。

经典心语

汉乐府民歌《上邪》歌云："我欲与君相知，长命无绝衰。山无陵，江水为竭，冬雷震震，夏雨雪，天地合，乃敢与君绝！"这直白质朴的表白，不禁让人再次提起那个老生常谈的问题：爱情是什么？无论是"泰坦尼克号"还是"珍珠港"都在提示我们，爱情，它是一种宽容，是一种理解；爱情是心灵的契合，是相濡以沫的终身相伴，是超越生死的心灵的追念。

其实我们都知道在我们的生命中，真的是有太多的身不由己。想来，身处浮世，我们都不过是命运的棋子，从来都不曾有过真正的自由。所以爱了，就不要轻易放手，借用马伊琍的话，“且行且珍惜”。

原文

My Heart Will Go On

Celion Dion

Every night in my dreams
I see you, I feel you
That is how I know you go on.
Far across the distance
and spaces between us
You have come to show you go on.

Near, far, wherever you are
I believe that the heart does go on.
Once more, you opened the door
And you're here in my heart,
and my heart will go on and on.

Love can touch us one time
and last for a lifetime
And never let go till we've gone.
Love was when I loved you,
one true time I hold to
In my life we'll always go on.

Near, far, wherever you are

I believe that the heart does go on.
Once more, you opened the door
And you're here in my heart,
and my heart will go on and on.

You're here, there's nothing I fear
And I know that my heart will go on.
We'll stay, forever this way
You are safe in my heart
and my heart will go on and on

我心永恒

席琳·迪翁

每一个夜晚，在我的梦里
我看见你，我感觉到你
我懂得你的心
跨越我们心灵的空间
你向我显现你的来临

无论你如何远离我
我相信我心已相随
你再次敲开我的心扉
你融入我的心灵
我心与你同往 与你相随

爱每时每刻在触摸我们
为着生命最后的时刻
不愿失去，直到永远
爱就是当我爱着你时的感觉
我牢牢把握住那真实的一刻
在我的生命里，爱无止境

无论你离我多么遥远
我相信我心同往
你敲开我的心扉
你融入我的心灵
我心与你同往，我心与你相依

你就在我身旁，以至我全无畏惧
我知道我心与你相依
我们永远相携而行
在我心中你安然无恙
我心属于你，爱无止境

含英咀华

《我心永恒》（*My Heart Will Go On*）在全球取得了名副其实的战绩，登上多国单曲榜第一位，并成为全球最畅销单曲之一，全球销量过千万。

《我心永恒》获得第70届奥斯卡最佳电影歌曲大奖。在第41届格莱美颁奖典礼上，《我心永恒》为该歌曲词曲作者詹姆斯·霍纳（James Hornner）、韦尔·杰宁斯（Will Jennings）赢得年度歌曲、最佳影视媒体作品歌曲两项大奖，为席琳·迪翁赢得年度录音和最佳流行女歌手两项大奖。电影《泰坦尼克号》空前的成功，不仅因为导演詹姆斯·卡梅隆在画面表现力上的精雕细琢和凯特·温斯莱特、莱昂纳多·迪卡普里奥出色的演技，也因为电影音乐大师詹姆斯·霍纳为其创作的众多精彩配乐，其中最为人们津津乐道的还属席琳·迪翁演唱的主题曲《我心永恒》。

影片开头1分钟处就使用了这首歌，由一个女声淡淡地低吟哼唱，悠扬婉转，预示着影片的结局并不圆满，但也不是一个伤感到肝肠寸断的故事。画面配以字幕“TITANIC”，由棕褐色泰坦尼克号起航时的旧时影像过渡到深蓝色的海洋深处，昭示着我们一个关于海的故事即将开始。

在影片的6分30秒处再次响起了这首歌的前奏，是由爱尔兰锡哨和手风琴演奏的，在持续了三四秒后，渐渐消失在海水声中，营造出一种神秘的氛围。此时影片播放到多年后的专家们探索至泰坦尼克号内部遗骸时所看到的颓败景象，虽然一切都已腐朽，但仍能想象当时泰坦尼克号的奢华。

杰克和罗丝的情感进展分为相知、相识、相恋三个阶段。在前两个阶段，影片的配乐没有用到《我心永恒》，直至第三个阶段两人坠入爱河。在1时20分50秒处，久违的旋律再次响起，是由爱尔兰锡哨和女声配合的新组合。乐曲逐渐高昂，也预示着杰克和罗丝的情感得到了肯定、升华。罗丝坦承了自己心意，和杰克两人相拥在船头，夕阳西下，在影史上留下了经典的一幕。而后又加入了竖琴的音色，三者的配合灵动而又轻快，营造出了飞翔的自由感。

当杰克给罗丝画人像时，影片也引用了这首曲子，不同的是这次是由钢琴来演奏的，更为行云流水，但略带跳进的旋律暗示出杰克远没表面上的那么淡定，内心各种小鹿乱撞。

杰克和罗丝在储藏室的车里做爱时，影片同样用了这首曲子，双簧管、爱尔兰锡哨、钢琴、女声的配合缠绵悱恻，象征着他们的爱情的纠葛，给人以神圣不可方物的感觉。

罗丝说要跟杰克下船时，爱尔兰锡哨和竖琴营造出浪漫和温馨的氛围，让他们的甜蜜到了制高点。

在影片高潮，罗丝在杰克的劝服下决定乘上救生艇，在与杰克诀别时，两人相看泪眼、无语凝噎。同期声渐渐隐去后，只有《我心永恒》在回响着。在女声、爱尔兰锡哨、双簧管的配合下，将这种绵绵的爱恋烘托得如此沉重。爱至深处，已不仅仅是“你跳我也跳”的相偎相随，也不仅仅是“我相信你”的相互信赖，而是“即使以后不是我在你身边，也希望你能幸福”。在罗丝下定决心和杰克同生共死，跳下救生艇时，乐曲来到高潮，由爱尔兰锡哨独自演奏，象征着他们的感情再次得到升华。罗丝想要的只是和杰克在一起，无论生还是死。

当《我心永恒》再次响起的时候，杰克和罗丝已是天人永别。“你要活下去，生很多小孩，做一个安详的老妇人，在温暖的床上睡去”，“赢得船票是我一生中最美好的事情，能和你相逢是我最大的幸福”，“答应我，活下去，不管希望多么渺茫，不许放弃。”干净通透的女声加上管乐的配合回荡在空旷的海洋上方，仿佛是来自远方的天籁。

在表现灾难过后获救人们木然、无助的表情时，配乐以女声来演绎的《我心永恒》的前奏传达着一个信念：无论未来将怎样，只要活着就好。黎明的到来预示着重获的生机。

老年罗丝缓慢而又平静地阐述着这个故事，述说着永远在她记忆中的杰克。虽然大海淹没了一切，但是却淹没不了曾经刻骨的爱恋。是爱让生命有了延续，让未来有了希望。以女声和管乐来演绎的《我心永恒》此时选择了歌曲的高潮，给人心静如水的释然感。

这首歌曲调优美，歌词动人，贯穿了整个电影，旋律之间的线索是绵绵不断的爱恋，席琳·迪翁的音色浑厚而又极具力量，将杰克和罗丝短暂却又感人的爱情铭刻在听众脑海中。

经典心语

再次听到这首歌是在高中，看着大屏幕，听着这首歌，不禁潸然泪下。

这首歌是美国电影巨片《泰坦尼克号》的主题歌，获1998年第70届奥斯卡最佳歌曲奖。

1912年，在当时称得上有史以来最大的客轮“泰坦尼克号”从英国出发，首航横渡大西洋。这艘客轮曾被视为不会沉没的巨轮，因为即使是部分密封舱被破坏，其余的仍能照常工作。不料，4月14日，“泰坦尼克号”与冰山相撞，5个密封舱进水，开始沉没，船上1 517名乘客遇难，幸存、获救者仅712人。这个故事多次被搬上银幕，其情节大致如下：一位穷酸青年画家杰克·杜信赌赢了一张船票，乘船回家。他在甲板上见一女子要跳海自尽，他劝阻成功，两人慢慢地产生好感，直到那女子罗丝以身相许。船沉之时，

他们彼此把生的机会让给对方。最后，杰克冻死于冰海，罗丝获救。这部影片采用了罗丝回忆往事的倒叙手法。

主题歌《我心永恒》富有激情，曲调优美、激昂，歌词动人。整首歌与电影中的音乐融为一体，使影片颇具感染力。我们既能听到这“不会沉没”的巨轮起航时气势磅礴

的雄伟交响乐，又能听到巨轮撞上冰山时那种大跌大宕的旋律；既能感受到恋人缠绵的柔情，又能感受到巨轮沉没时的悲哀。在席琳·迪翁最后几句近乎呐喊的高亢声中，我们听到的不仅仅是几行简单的歌词，而是令天地为之动容、令听众为之心颤的宣言书。迪翁本人曾说：“在演唱时，我的心在颤抖，在流泪，几乎无法控制自己的声音。”

《我心永恒》是对这段凄美爱情故事的终极总结。这首英文歌曲，将整个影片推到了高潮。这首歌的旋律是影片爱情主题的最好烘托，当这个旋律出现时，悲剧色彩淡淡减弱，仿佛是爱的誓言和爱的颂歌，把在影片中所表现的悲剧事件中人的思想和品格给予升华。在这部影片中人们可以重温那段令人无限唏嘘的凄美爱情和感受到故事一波三折荡气回肠的情节。永恒的历史见证了那段永恒的爱情，就像一望无垠的大海，永不褪色。就像歌词中“And never let go till we're gone. Love was when I loved you，one true time I hold to. In my life we'll always go on. Near，far，wherever you are，I believe that the heart does go on”。

泛舟经典

Titanic：Love is an old story

时至今日来谈论《泰坦尼克号》，似乎在讲述一个古老的故事，像是在说：很久很久以前……

以前，我一直不理解杰克，总觉得他是个爱浪漫的男孩子，有自由的价值观，喜欢过无拘无束的生活，“To make each day count”的理论很吸引向往刺激和自由的孩子吧，认为他不现实。现实生活很残酷，不是及时行乐主义者的天堂，只知道讲爱情，失却附丽终是没有意义的。而仔细回味整部影片，在杰克的言行里，我终于理解了，他才是最懂爱，最懂生活的人，顶天立地！是他一直在教罗丝生活，教她去爱，直到生命的最后一刻。他充当的不仅是爱人的角色，更是罗丝的精神支柱，支持她活到白发苍苍，在她再也走不动的时候，仍能铭记：

“There was a man named Jack Dawson，and that he saved me in every way that a person can be saved.”在听到这句话的时候，有多少人也在期盼能有这么一个人拯救自己。救赎与爱情本来就是密不可分的两部分，能够获得这两者的人也定能像罗丝那样，在上岸之后经历无比珍贵的被救赎的一生。

“You jump，I jump.”这不仅仅是一句爱情的誓言。誓言无用！花前月下谁不会，

制造情调谁不懂？在大难临头，真正的风浪到来时，“海枯石烂”“生死相随”“矢志不渝”都是废话！谁能够真的做到 You jump，I jump？他俩在霞光照耀的船头倾心相许的那一幕，华丽异常，却并不能让我感动。被后来者无数次模仿过的画面在灾难来临时又能浮现多久？

从没想过杰克会死，以为商业片总是会有好的结局，可是没有。他不幸却又如此幸运。赢得一张船票和一世不悔的情怀是他最大的幸运。他在大西洋冰冷的海水中给予了她最好的祝福：“You're going to get out of here. You're going to go on，and you're going to make lots of babies，and you're going to watch them grow，and you're going to die an old，an old lady，warm in your bed. Not here. Not this night. Not like this.”这是爱情吗？这是他对罗丝一生的期许啊！真的誓言只有一句：I will never let go. I promise！之后，罗丝以一生来兑现她的诺言。有时候想着他们的故事又感到沮丧，如果杰克没死，他们在时光的淘洗下，是否真的可以爱到老死？或许会像《革命之路》的结尾一样滑入深渊。平凡、磨难、庸碌都是爱情最大的杀手，等闲变却故人心。在爱得最深的时候，我们怎样才可以预见爱情何时死亡？我们所歌颂的绝恋是否只有在死亡里才可以升华？这是一个悲伤的命题。有时面对那么多的劳燕分飞，我又庆幸杰克的死亡，死亡是爱情最好的情人。

好的爱情是你通过一个人看到整个世界，坏的爱情是你为了一个人舍弃世界。罗丝是幸运的，她最终吹响了生命的哨子，她通过杰克看到了整个世界的绚丽！从这个意义上来说，他们的爱情可谓完美，也是被我们奉为经典的原因。《泰坦尼克号》让我从一个不懂爱情为何物的小屁孩，知道了爱情，并相信爱情，无论电影剧情是否落入穷小子爱上富家女的俗套，无论人们猜测的杰克爬上门板之后他们的生活会如何悲剧收尾，无论现实生活看到的一切多么惨不忍睹，我总是能在每次想起的时候从心底感到温暖。

看一部电影，忘掉游轮的豪华奢靡，扔掉海洋之心的价值连城，剥去爱情的浪漫激情以及所有华丽的外衣。《我心永恒》动人的不是风笛吹奏的旋律，也不是席琳·迪翁优美的声线……

【参考文献】

[1] 萧枫．扬鞭集：刘半农作品精选．沈阳：辽海出版社，2009.

[2] 萧枫．瓦釜集：刘半农作品精选．沈阳：辽海出版社，2009.

[3] 吴奔星．读刘半农的《教我如何不想她》．名作欣赏，1983，10.

[4] 刘寻．关于教我如何不想她．文史精华，2013，1.

[5] 楚庄．说《教我如何不想他》的他．民主，2000，11.

[6] 席慕蓉．七里香．北京：作家出版社，2010.

[7] 李家科．一枝一叶总关情——《一棵开花的树》赏析．语文天地，2002，16.

[8] 杨光治．温馨的爱——席慕蓉抒情诗文赏析．广州：广东人民出版社，1989.

[9] 诗经．北京：中华书局，2006.

[10] 唐诗三百首．北京：中华书局，2014.

[11] 宋词三百首．北京：中华书局，2009.

[12] 叶芝．叶芝诗选．袁可嘉，译．北京：外语教学与研究出版社，2012.

[13] 吴珊，邓冬铁．试析叶芝和他的《当你老了》．武汉：武汉生物工程学院，2008.

[14] 安徒生．安徒生童话选集．叶君健，译．北京：译林出版社，2010.

第五章

旅游篇：千里之行始于足下

终日奔波于尘世之中、埋首于尺牍之间，和那些枯燥无味的文字及会议打交道，难免感到孤寂和压抑，这时最渴望的莫过于来一次旅行，把自己完全交给大自然，任由风儿横冲直撞，拂去脑海阴霾；任由鸟儿呢喃啁啾，啼走心头郁闷；任由水儿潺潺流淌，涤去满身灰尘。

“久在樊笼里，复得返自然”，著名诗人陶渊明这句话说得非常精辟，虽已过去 2 000 多年，但对于现在的芸芸众生，仍然是一个为自己开发“心大陆”的温馨梦想。

远行不在于去繁华的大都市，也不在于去名胜古城、奇山秀水。当我们漫步在异域他乡，不管是在喧嚣的城市，还是在长满五颜六色野花的溪畔、被鸟儿唤醒的幽雅树林……一样的阳光、一样的天空却让我们拥有不一样的心境。踩在芳香的泥土上，踏在光滑的青苔上，走在葱郁的绿荫中，徐徐地走、静静地坐、痴痴地想：仿佛自己变成身旁溪水里的一尾小鱼，自由自在地舒展着灵巧的躯体；又仿佛自己成为树枝上的一只小鸟，欢快地喃喃吟唱；更仿佛自己化为花丛中的一羽蝴蝶，沉醉在浅淡的幽香之中。

这样你就可以用心地去欣赏春日芬芳的花朵、夏日热烈的蝉鸣、秋日累累的硕果、冬日皑皑的白雪；就可以用心去品读悠扬的孤云、大气的青山、叮咚的泉水、灵性的土地；就可以用心去沉思那些乡村孩子们的注视，随着牧童的短笛响起，让心儿随着羊群漫过山冈。此时的一切，美中藏着诗意，人居其中，心宁谧而怡然，心头流过的也许是陶醉、也许是美好。

达摩达拉说得好：“只有自由享受广阔的地平线的人，才是世上最快乐的人。宁静而祥和，自然美景在它打开你视野的同时，也打开了你的心灵。”旅行是一种熏陶，在大海之滨方感人生之须臾；在旷野之上方知自由之珍贵；在高山之巅方觉时空之深邃；在残垣之中方叹沧桑之力量。

不要感叹命运的捉弄，不要埋怨运气的不佳，如有闲暇常去远方玩玩吧，只要你拥有一颗热爱大自然的心，就一定能收获到自己想要的东西。自然的大气、生命的永恒，在那时都会得到最真实的体现！

第一节 地理——用眼睛了解世界

温馨家园

在浩瀚无边的宇宙，有一个美丽的地球。它是人类的家园，它是太阳和月亮的朋友。岁月悠悠，往事悠悠。地球已有亿万年的高寿。看着人类诞生，看着人类成长，看着人类在自己纷纭的历史中行走……所有的日子，都在地球上印下痕迹；所有消逝的事物，都在地球的记忆中存留，哪怕仅是一个普通的春秋，哪怕仅是一个小小的追求。所有的儿童，都是爸爸妈妈的孩子，所有的爸爸妈妈，都是地球的孩子；不管你是总统还是百姓，不管你是贫穷还是富有。太阳是大家的，月亮是大家的，地球每时每刻都自转着——哪里的白天都不是永驻，哪里的黑夜都不能持久；地球上的每个人，都有权利分享阳光的明媚，月光的温柔。海洋是大家的，陆地是大家的，地球把海洋和陆地，送给白皮肤的欧洲、美洲，也送给黄皮肤的亚洲、黑皮肤的非洲和棕色皮肤的大洋洲。森林是大家的，草原是大家的，荒凉的戈壁和沙漠也是大家的。地球教导我们：珍惜生存的家园，学会爱和奋斗，不要贪婪地索取，不要奢靡地享受。

地球是我们的家园，它有浩瀚无垠的四大洋：太平洋、大西洋、印度洋、北冰洋；它有广阔无边的七大洲：亚洲、欧洲、非洲、北美洲、南美洲、大洋洲、南极洲。对于一个人而言，地球太大了，穷尽一生也无法走遍地球的每一个角落，但对于宇宙而言，

地球又是一个半径只有6 300多千米的星球，在群星璀璨的宇宙中，就像一叶扁舟。它只有这么大，不会再长大。地球表面的面积是5.1亿平方千米，而人类生活的陆地大约只占其中的五分之一。虽然极目远眺我们也无法望尽地球的尽头，但是地球给予我们的是有限的，它不是上帝的恩赐，需要我们用心珍惜。过，莫大于不知足；咎，莫大于欲得。不要忘记我们的地球只不过是个小蓝点，它还是很稚嫩脆弱的，经不起我们无终无了的躁动和折腾。

地球，需要我们的精心呵护。

科普知识

地球（Earth）是太阳系八大行星之一（2006年冥王星被划为矮行星，因为其运动轨迹与其他八大行星不同），按离太阳由近及远的次序排为第三颗。它有一个天然卫星——月球，二者组成一个天体系统——地月系统。地球作为一个行星，远在46亿年以前起源于原始太阳星云。地球会与外层空间的其他天体相互作用，包括太阳和月球。

泛舟经典

旋转的地球

旋转的地球，沿着红色灿烂的夕阳边线，
一直续向东方，迎接光洒苍穹，燃烧的太阳。
幽谷空山，汪汪的眼睛，裹着周围浓香，
凝望升起的红日，卷进渺茫的天际。
带上我吧！地球！你轻盈的自转和公转，
宛如大自然半遮半掩的灵魂，云彩是你遮羞的面纱。
月亮是你送来的伙伴，夜幕下灿烂的星群，
为你合成音乐的密码，我为筹待你那只手，
耗尽全部僵硬的阴郁。
旋转的地球，带上我吧！群星凌空的夜晚。
有你才有我，我无梦的头颅，借用你自转的朝向。

与你融合，夜幕飘逸，天已麻醉，云彩下迅捷的倒影。

搅乱了明净的月色，鲜艳的红日和你遮羞的面纱。

明天依旧会触动我的灵魂。

世界地球

世界地球日（World Earth Day）即每年的4月22日，是一项世界性的环境保护活动。2009年第63届联合国大会决议将每年的4月22日定为“世界地球日”。

该活动最初于1970年在美国由盖洛德·尼尔森和丹尼斯·海斯发起，随后影响越来越大。活动宗旨在唤起人类爱护地球、保护家园的意识，促进资源开发与环境保护的协调发展，进而改善地球的整体环境。

中国从20世纪90年代起，每年都会在4月22日举办“世界地球日”活动。

活动起源

1969年美国民主党参议员盖洛德·尼尔森提议，在全国各大学校园内举办环保问题演讲会，哈佛大学法学院学生丹尼斯·海斯听到这个建议后，就设想在剑桥市举办一次环保的演讲会。于是，他前往首都华盛顿去会见了尼尔森。年轻的海斯谈了自己的设想，尼尔森喜出望外，立即表示愿意任用海斯，甚至鼓动他暂时停止学业，专心从事环保运动。于是，海斯毅然办理了停学手续。不久，他就把尼尔森的构想扩大，办起了一个在美国各地展开的大规模的社区性活动。

他选定1970年4月22日（星期三）为第一个“地球日”。就在那年的4月22日，美国各地大约有2 000万人参加了游行示威和演讲会。

美国的1970年正是个多事之秋，光纤织物被发明了出来，“阿波罗13号”的悲剧导致登月计划的失败，在南卡罗来纳州萨瓦那河附近一家核工厂发生泄漏事故，当时的美国人，终日呼吸着豪华轿车的含铅尾气。工厂肆无忌惮地排放着浓烟和污水，却从不担心会被起诉或者是受到舆论的谴责。“环保人士”凤毛麟角，他们只是列在字典里的单词，却很少能够被人所重视。正是在这样的背景下，首次“地球日”取得了极大的成功。

鉴于公众对环境保护的关心，美国国会在“地球日”这一天休会，近40名参众议员分别在当地集会上讲话。伦特·杜贝斯、保罗·埃利希以及拉尔夫·纳德等美国的名流发表了演讲，阐明集会的重要意义。25万人聚集在华盛顿特区，10万人向纽约市第五大街进军，支持这次活动。

据统计，这一天全美有2 000多万人、1万所中小学、2 000所高等院校和2 000个社区以及各大团体参加了“地球日”活动。人们举行集会、游行和其他多种形式的宣传活动，高举着受污染的地球模型、巨幅画和图表，高呼口号，要求政府采取措施保护环境。1970年的首次“地球日”活动声势浩大，被誉为“二战”以来美国规模最大的社会活动。这次活动标志着美国环保运动的崛起，并促使美国政府采取了一些治理环境污染的措施。

活动意义

1970年4月22日的“地球日”活动，是人类有史以来第一次规模宏大的群众性环境保护运动。作为人类现代环保运动的开端，它推动了西方国家环境法规的建立。如美国就相继出台了清洁空气法、清洁水法和濒危动物保护法等法规；1970年的“地球日”还促成了美国国家环保局的成立，并在一定程度上促成了1972年联合国第一次人类环境会议在斯德哥尔摩的召开，有力地推动了世界环境保护事业的发展。1973年联合国环境规划署的成立，国际性环境组织——绿色和平组织的创建，以及保护环境的政府机构和组织在世界范围内的不断增加，“地球日”都起了重要的作用。因此，“地球日”也就成为了全球性的活动。现在人们普遍认为1970年4月22日在美国发生的第一届“地球日”活动是世界上最早的大规模群众性环境保护运动，这次运动催化了人类现代环境保护运动的发展，促进了已开发国家环境保护立法的进程，并且直接催生了1972年联合国第一次人类环境会议。而1970年活动的组织者丹尼斯·海斯也被人们称为“地球日”之父。

这次运动的成功使得在每年4月22日组织环保活动成为一种惯例，在美国“地球日”这个名号也随之从春分日移动到了4月22日，“地球日”的主题也转而更加趋向于环境保护。

活动推广

由于环境保护运动在世界范围内的兴起，1990年第二十届“地球日”活动的组织者希望将这一美国国内的运动向世界范围扩展，为此他们致函中国、美国、英国三国领导人和联合国秘书长，呼吁他们采取措施，举行会晤缔结关于环境保护议题的多边协议，协力扭转环境恶化的趋势；同时“地球日”的组织者还呼吁全世界愿意致力环境保护的政府在1990年4月22日各自动员国民开展环境保护运动。“地球日”活动组织者的倡议得到了亚洲、非洲、美洲、欧洲许多国家和众多国际性组织的响应，最终在1990年4月22日全世界有来自140多个国家的逾2亿人参与了“地球日”的活动，参与团体举办座谈会、游行、文化表演、清洁环境等活动来倡导“地球日”精神，并进一步向政府施压，期盼引发更多关注与政策的制定；从此以后“世界地球日”成为全球性的环境保护运动。

温馨提示

保护环境随手可做的小事

使用布袋
不要过分追求穿着的时尚
倡步行，骑单车
不燃放烟花爆竹
节约粮食
不乱扔烟头
在室内、院内养花种草
垃圾分类回收
自己不吸烟，奉劝别人少吸烟
支持环保募捐
尽量乘坐公共汽车
不进入自然保护核心区
不使用非降解塑料餐盒
双面使用纸张
拒绝使用一次性用品
认识国家重点保护动植物
节省纸张，回收废纸
回收废塑料
优先购买绿色产品
了解绿色食品的标志和含义

知识徜徉

世界地理之最

1. 海洋

最大的海洋：太平洋（18 134.4万平方千米）

最小的海洋：北冰洋（1 475万平方千米）

最淡的海：波罗的海（欧洲，海水盐度只有7‰～8‰，各个海湾盐度更低，只有2‰）

最咸的海：红海（北部盐度有42‰）

最浅的海：亚速海（欧洲，平均8米，最深14米）

最大最深的海：珊瑚海（太平洋，479.1万平方千米，平均深度2 243米）

最深的海沟：马里亚纳海沟（太平洋，－11 034米）

最年轻的海：红海（4 000万年历史）

透明度最大的海：马尾藻海（北大西洋，最大72米）

最小的海：马尔马拉海（土耳其，11 350平方千米）

2. 陆地

最大的陆地：亚欧大陆（约5 000万平方千米）

最大的大洲：亚洲（4 400万平方千米）

最小的大洲：大洋洲（897万平方千米）

3. 海岸

海岸线最曲折的大洲：欧洲

海岸线最平直的大洲：非洲

4. 河流湖泊

最长的河流：尼罗河（6 671千米，非洲东北部，主体位于埃及境内）

流域最广的河流：亚马逊河（691.5万平方千米）

水流量最大的河流：亚马逊河（平均流量每秒219 000立方米）

最大的湖泊：里海（亚洲、欧洲，386 400平方千米）

最大的淡水湖：苏必利尔湖（美国、加拿大，82 414平方千米）

最大的淡水湖群：五大湖（苏必利尔湖、密歇根湖、休伦湖、伊利湖、安大略湖，25.4万平方千米）

最深的湖泊（蓄水最多）：贝加尔湖（俄罗斯，－1 637米）

最高的淡水湖：玛旁雍措（中国西藏自治区，4 588米）

最高的咸水湖：纳木错（中国西藏自治区）

含沙量最大的河流：黄河（中国）

落差最大的瀑布：安赫尔瀑布（又名天使瀑布，位于委内瑞拉，高979.6米）

最宽的瀑布：伊瓜苏瀑布（位于巴西与阿根廷交界处，宽度约4千米）

最大的河流三角洲：恒河—布拉马普特拉河三角洲（孟加拉国、印度，约 80 000 平方千米）

最洁净的河：恒河（水质具有自动净化的功效）

最长的暗河：龙桥暗河（中国湖北恩施与重庆奉节之间）

最咸的湖：死海（咸度 33.2%，位于巴勒斯坦和约旦的交界处）

最大最长的珊瑚礁群：大堡礁（澳大利亚）

5. 气候

世界热极：巴士拉（伊拉克，最高纪录：1991 年 7 月 8 日，58.8℃）

世界冷极：南极点附近（东方站，最低纪录：1983 年 7 月 21 日，−89.2℃）

年温差最大的地区：奥伊米亚康（一月接近−50℃，7 月为 15℃，年温差 65℃，俄罗斯）

年温差最小的地区：基多（一月 13.4℃，8 月 14℃，年温差仅 0.6℃，厄瓜多尔）

世界湿极：怀厄莱阿莱（位于美国的夏威夷州）

世界干极：阿塔卡马沙漠（南美洲，平均年降水量小于 0.1 毫米，1845—1936 年的 91 年从未下雨）

世界雨极：乞拉朋齐（印度，1960 年 8 月—1961 年 7 月，创下了 26 461.2 毫米的降雨量纪录）

6. 山脉

世界陆地的最高点：珠穆朗玛峰（海拔 8 844.43 米）

世界陆地的最低点：死海（海拔−422 米）

世界上平均海拔最高且山峰最多的山脉：喜马拉雅山脉（最高峰：珠穆朗玛峰）

从地球地心到山顶顶部的最高峰：钦博拉索山（位于南美洲厄瓜多尔，海拔 6 310 米，但从地心到表面是 6 384.1 千米）

地球上体积最大的火山：冒纳罗亚火山（夏威夷岛，海拔 4 169 米，火山体积达 75 000 立方千米）

地球上最高的死火山：阿空加瓜山（海拔 6 960 米，是西、南半球最高峰）

地球上最高的活火山：奥霍斯德尔萨拉多山（海拔 6 891 米）

最高的岛上山峰：查亚峰（新几内亚岛，海拔 5 030 米）

最长的陆上山脉：安第斯山脉（长 7 500 千米）

最长的海底山脉：中洋脊（长 80 000 千米）

最长的裂谷带：东非裂谷带（非洲东部，6 400 千米）

最低的火山：笠山（日本，高112米）

最长的山系：科迪勒拉山系（美洲大陆，1.5万千米）

最大的火山口：阿苏山（日本，周长120多千米）

喷发次数最多的火山：埃特纳火山（意大利）

最深的及容积最大的天坑：塘边镇打岱河天坑（中国）

7. 地表

最大的高原：巴西高原（巴西，500多万平方千米）

最高的高原：青藏高原（中国，平均海拔4 000～5 000米）

最大的平原：亚马逊平原（巴西，560万平方千米）

最大的盆地：刚果盆地（非洲，337万平方千米）

最低的盆地：吐鲁番盆地（中国，最低－154米）

最高的盆地：柴达木盆地（中国，约2 600～3 000米）

最大的沙漠：撒哈拉沙漠（非洲，9 065 000平方千米）

最大的流动沙漠：塔克拉玛干沙漠（中国）

最干旱的沙漠：阿塔卡马沙漠（南美洲，智利北部）

最大的热带雨林：亚马逊热带雨林（约600万平方千米，位于南美洲）

最大的半岛：阿拉伯半岛（亚洲，322万平方千米）

最大的岛屿：格陵兰岛（丹麦，北美洲，217.56万平方千米）

最深、最大的峡谷：雅鲁藏布大峡谷（中国，长504.9千米，平均深度2 268米，最深处6 009米）

世界最大的温泉瀑布：螺髻·九十九里温泉瀑布（中国四川省凉山州）

世界上日出水量最大的温泉：螺髻·九十九里瀑布温泉（中国四川省凉山州）

拥有活火山最多的国家：印度尼西亚（77座）

8. 地震

震级最大的地震：智利大地震（9.5级）

死亡人数最多的地震：1556年1月23日16时（明朝嘉靖三十四年十二月十二日）中国陕西省华县8级大地震（《明史》记载死亡八十三万有奇）

中国最早的地震记录：《竹书记年》，记载“三十五年帝命夏后征有苗”、“三十五年帝命夏后征有苗氏来朝”。

西方记载最早的地震灾难：1755年葡萄牙里斯本地震

世界上最大的地震海啸：1971年4月24日发生在日本琉球群岛中的石垣岛（估计巨大海浪的波峰高达84.7米，排山倒海的巨浪将重量达850吨的整珊瑚礁抛出2.092千米以上。这次海震所击起的海浪，据测它的行进速度为每小时788.557千米）

地震最多的国家：日本

9. 群岛

最大群岛：马来群岛（240.7万平方千米）

最小群岛：托克劳群岛（10平方千米）

拥有岛屿最多的国家：挪威（拥有15余万个近海岛屿，有万岛之国的名号）

含英咀华

不知什么时候起，我们头上的天总是灰蒙蒙地阴沉着脸，我们脚下的泥沙总是毫无顾忌地登堂入室，而河里的水不仅浑浊，而且散发着恶臭……人们是否要等到最后一滴可以饮用的水干涸了，最后一缕清新的空气浑浊了，最后一棵树被砍断了，才意识到我们的环境被破坏了？

科学家发明了汽车，却难以制止汽车排放的尾气污染空气；有人不停地伐树卖钱，却没有想到这会破坏植被；工厂把废水、污水排进河里，却不管这河中还有许多无辜的小鱼、小虾……这些目光短浅的人们啊，你们对大自然所做的一切终有一天会降临在你们自己的身上！

我们的家园以前美丽无比，春天伴着欢乐的舞蹈给我们送来阵阵春风；夏日迎着蔚蓝晴天为我们带来一池池碧水清泉；秋天随着萧瑟的秋风为我们捧上一串串黄澄澄的果实；冬日披上洁白冬装为我们报告来年的希望。我们有一个四季景色宜人、温馨舒适的家园。

然而，时光一去不复返，随着人类领域的不断延伸，我们的家园渐渐遭到了破坏。水不再清了，天不再蓝了，小草面黄枯燥了，野花耷拉着脑袋了。地球受伤了、哭泣了。

在宇宙的枝丫上只有一个鸟巢可供我们栖息，迄今为止没有发现第二个。这个鸟巢就是地球。地球已经千疮百孔、摇摇欲坠、不堪重负了！亲爱的同学们，让我和你，心连心，做美丽地球的守护神。希望生命中的每一天，都享受在大自然青山绿水、山花烂漫的怀抱中，永远徜徉在美丽的森林、草原、湿地和鸟语花香中。

第二节 景点——旅泊还如万里行

旖旎风光

一、亚洲篇（Asia）

亚洲是世界上面积最大的洲，主要位于东半球和北半球，地理上习惯分为东亚、东南亚、南亚、西亚、中亚和北亚。

作为旅游目的地，亚洲大多数国家都有着签证简单、交通便利和物价低廉的优点，因而广受欢迎，同时也是初次出国的首选。亚洲的丰富性也足以让你乍舌：海岛和沙滩，高山和湖泊，内陆草原与沙漠……让热爱自然的旅行者难以抉择。这里更是一片历史悠远的广阔大地，历史遗产、文化古迹、建筑奇观比比皆是，柬埔寨的吴哥窟、印度尼西亚的婆罗浮屠和缅甸中部的蒲甘三大佛教遗址，尼泊尔和阿富汗依然鲜为人知的神迹……与此同时，动感时尚之都新加坡、东京、首尔等，也代表了亚洲的现在。

（一）泰国景致

大皇宫（又名大王宫），位于曼谷市中心，紧靠湄南河，是曼谷王朝的象征，是旅游者去泰国的首选之地。紧偎湄南河，由一组布局错落的建筑群组成，是暹罗式风格，汇集了泰国绘画、雕刻和装饰艺术的精华。它有点像中国的故宫一样，是泰国曼谷王朝一世至八世的王宫，是历代王宫保存最完美、最壮观、规模最大、最有民族特色的王宫，现仍用于举行加冕典礼、宫廷庆祝等仪式活动。

皇帝岛，“Racha”在当地语言中是“皇帝”的意思。原本是泰国王室度假专属岛，后来这个小

岛才对外开放，这里有马尔代夫的海景，更有山景和内陆小湖泊，使得景色不像马尔代夫一样单一。

皇帝岛有5个小海滩：东边Ter Bay和Lha Bay，东南角是Kon Kare Bay，西面是Patok Bay，北面是Siam Bay。在这里，没有普吉的喧嚣，没有曼谷的拥挤，只需要带上放松的心情和愉悦的感受，静静地体验这片海带给你的一切。

（二）日本风光

大阪城天守阁，位于大阪城中央的天守阁是大阪城的核心建筑，由日本战国三杰之一的丰臣秀吉始建于1583年，因此它又被称为“秀吉的城”。如今的天守阁是1931年仿造的混凝土式建筑，内部已改造为关于丰臣秀吉及大阪城历史的博物馆，在顶层还可以眺望大阪市景。建造在高台上的天守阁，白色的墙面配以绿色的屋瓦，每个飞翘的屋檐末端都装饰着用金箔塑造的老虎和龙头鱼身的金鯱造型，可谓金碧辉煌。每到春秋两季，樱花盛开或枫叶染红，便是这里最美丽的时候。

东京塔也叫东京铁塔，正式名称为日本电波塔，是东京观光的必游景点。这座红白色铁塔以巴黎埃菲尔铁塔为范本而建造，但比后者高9米，达333米；1958年竣工后一直是东京最高的建筑物，直至2012年东京晴空塔建成而退居第二。作为东京的标志之一，东京塔的形象和名字也频繁出现在影视剧、小说、音乐等艺术作品中。

塔上设有眺望厅，能360度将东京的城市景观尽收眼底，高楼建筑、公园、寺院神社、东京湾、远处的群山等一览无遗，若是晴好天气还能远眺富士山、筑波山。每当夜幕降临，塔身会点亮（一般从日落到午夜零点），随季节变换不同颜色，令东京的夜色更加梦幻。

（三）韩国景致

素有韩国故宫之称的景福宫坐落于繁华的首尔市中心的一角，距今已有600多年历史，是朝鲜建国初期建造的第一座宫殿，规模为五大宫之首。得名于《诗经》“君子万年，介尔景福”，因位于首尔北部，也叫“北阙”。

景福宫以近200座殿阁的瑰丽建筑承载了朝鲜王朝二十几代大王的骄傲和悲伤。直到明成皇后被杀时，当时的高宗大王因为过度悲伤而搬离景福宫，这里的风光才稍稍寥落。如今景福宫的大部分建筑，已在1592年的壬辰倭乱时被焚毁。现在见到的，大部分是其后修建的，其中得以保存最完整的只有勤政殿、庆会楼和香远池了。

在济州市内的海岸有一座高10米、长30米的巨大奇岩，这就是济州著名的观光景点龙头岩。它是由200年前汉拿山喷出的熔岩堆积而形成的，因岩石形状像浮上海面的龙头，所以取名为龙头岩。

观赏龙头岩的最佳地点在从龙头岩西侧距离约100米的地方。海浪大的时候景色更加壮观，仿佛因神的愤怒，龙咆哮着从海里跳出来一样。傍晚的时候，以夕阳为背景的龙头岩更加美丽，仿佛能看到龙升天的活生生的场面。到了晚上这里还会有灯光，直接照射在那个浮出水面的龙头上，非常漂亮。

龙头岩向东约200米有一处龙池，据说是龙嬉游之地，因而得名龙池，也叫龙渊，池水清澈见底。周围奇岩怪石和常绿树林围成屏风，旧时称之为“龙渊夜帆”，其夜景令人迷醉。

（四）柬埔寨风景

吴哥窟是对吴哥古迹群的统称，位于暹粒市区北部6千米处，被誉为古代东方四大奇迹之一，其中吴哥寺的造型还成为了柬埔寨的标志被印在国旗上。这里曾是古高棉王国的首都，吴哥王朝时兴建了大量的宫殿与庙宇，后因暹罗王朝（即如今的泰国）入侵，高棉人被迫遗弃吴哥迁都金边，吴哥渐渐被丛林掩盖。19世纪60年代，充满神秘色彩的吴哥窟被法国人再次发现，此后清理和修复工作一直在进行。

吴哥古迹建筑的布局讲究对称，结合了高棉寺庙建筑学的两个基本元素——祭坛和回廊；

巨石雕刻无处不在，尤其浮雕更是精华之所在，还有神秘而祥和地微笑着的佛像，极具观赏性。在现存的600多处古迹中，除吴哥寺及通王城内的诸多建筑外，巴肯山、塔普伦寺、女王宫等处也很著名。

（五）新加坡风景

圣淘沙岛距离新加坡南海岸500米，位于新加坡本岛以南500米处，东西长4千米，南北宽1.6千米，面积为3.47平方千米，是新加坡本岛以外的第三大岛。在圣淘沙岛殖民统治时期为英国海军基地，旧名绝后岛，1972年改名。现已开发成设备齐全的海上乐园，是著名的旅游度假胜地。

圣淘沙岛几乎完全是一个人造景点，海滩上的沙子是从别处运来的，巨石也是人造的。整个岛的北部是一个大型度假村——新加坡名胜世界。岛西端的英国碉堡西乐索炮台建于1880年。5世纪的古炮保存于此，内有复杂的地下建筑物城墙和炮座、大炮、臼炮。

（六）印度风致

泰姬陵，被誉为世界上最美的陵墓，更被诗人泰戈尔盛赞为“一滴永恒的泪珠”。泰姬陵竣工于1654年，是莫卧儿王朝皇帝沙贾汗为皇后阿姬曼·芭奴耗巨资所造。如今这座奇迹建筑已成为印度的象征。

白色大圆顶是泰姬陵最为人熟知的部分，这座宫殿式陵墓主要由纯白色大理石建造，镶嵌着来自世界各地的宝石。泰姬陵还有着完全对称的建筑美学，集印度和波斯建筑艺术于一体。

整个建筑群包括前庭、正门、莫卧儿花园、陵墓主体和两个清真寺。可以从西、东、南三个入口进入前庭，再从正门进入。最先映入眼帘的是巨大的莫卧儿花园，中央有一个大理石水池，名为Hawd al-Kawthar（意为“丰盛之池”），水中的泰姬陵倒影清晰可见。水池的尽头，凸起的大理石平台上就是泰姬陵了，陵墓四角各有一座高塔，陵墓主体呈八角形，中央是半球形的大圆顶，配有莲花装饰，周围还有四个小圆顶。主陵墓入口两边的墙上刻着古兰经，进到内部可以看到一大一小两座石棺，不过沙贾汗与皇后却真正长眠在地下另一土窖中。

在不同时间和光线下，泰姬陵还有着各不相同的面貌。清晨是温暖的金橙色，日光下是白色，黄昏时从金黄色逐渐变成粉红、暗红，而到月亮初升之际，又成了银白色。

（七）以色列风景

死海位于以色列、约旦和巴勒斯坦之间，南北长 86 千米，东西宽 5～16 千米，远远望去，死海像一条双尾鱼，或藏或露，游弋在群山脚下。

死海没有潮起潮落，波澜不惊。在阳光的照射下，海面像一面古老的铜镜，熠熠生辉。死海湖中及湖岸均富含盐分，在这样的水中，鱼儿和其他水生物都难以生存，水中只有细菌和绿藻，岸边及周围地区也没有花草生长，故人们称之为“死海”。也因为海水中的含盐量过高，造成了数倍于海洋的浮力，所以人跳进死海里不会下沉，反而可体验在其他海洋里无法感受到的漂游之感。

死海是世界陆地表面最低点，有“世界的肚脐”之称。死海以其独特的魅力吸引无数来自世界的游客前来感受它的神奇。

二、欧洲篇（Europe）

对于欧洲，每个旅行者都无法停止向往。奢华浪漫的西欧，既童真又深沉的中欧，沧桑雍容的东欧，热情烂漫的南欧，自然沉静的北欧……这里能满足你对旅行的所有想象，一个个响亮的名字高悬在每个人周游世界的愿望清单之上。

如果卢浮宫的喧嚣影响了你怀古的心情，那么剑桥的钟声一定令你嗅到中世纪的书香；如果卫城的斑驳石柱不能带你穿越时空，那么伊斯坦布尔璀璨的瓷片一定会向你诉说拜占庭曾经的锋芒；如果埃菲尔的绰约仍无法打动你的心扉，那么布拉格繁芜的错落之美一定能激发你关于浪漫的极致想象；如果阿尔卑斯的皑皑白雪都让你觉得乏味，那么挪威峡湾 604 米高的布道石一定教你领略大自然的豪情万丈。

（一）法国风光

卢浮宫始建于 1204 年，这座城堡经历多次扩建，收集了来自世界各地的大量艺术珍品，在法国大革命后改为博物馆，与伦敦大英博物馆、纽约大都会博物馆并称为世界三大博物馆。如今卢浮宫馆藏多达 40 万件，涵盖古埃及、近东及中东古文明、古希腊和古罗马的艺术品，诞生于 7 世纪的伊斯兰艺术，还有从中世纪到 19 世纪中叶的西方艺术等各种稀世珍宝。

博物馆平时展出的藏品仅为总量的10%左右，却足以令人大饱眼福。在这里，除了“卢浮宫三宝”《蒙娜丽莎》《米洛岛的维纳斯》《萨莫色雷斯岛的胜利女神》及其他镇馆之宝外，你还可以欣赏到那些名声不甚远播但魅力丝毫不逊的经典之作。

卢浮宫不仅展品丰富、珍贵，其本身也是一座杰出的艺术建筑。用来展示珍品的数百个宽敞大厅富丽堂皇，四壁及顶部都有精美的壁画和精细的浮雕，处处都是呕心沥血的艺术结晶。而华人建筑师贝聿铭设计的金字塔入口也是卢浮宫的一大标志。

素有巴黎城市地标之一的埃菲尔铁塔（又名巴黎铁塔）是一座位于法国巴黎战神广场的铁制镂空塔，是巴黎最高的建筑物，也是法国的一个文化象征。铁塔建造之初是为了迎接世界博览会及纪念法国大革命100周年。铁塔以设计师法国著名建筑工程师埃菲尔的名字命名，并在北边的塔脚下为埃菲尔塑了一座半身铜像。

埃菲尔铁塔总高324米（含天线24米），除了四个塔脚是用钢筋水泥外，全身都用钢铁构成。铁塔从1887年起建，分为三层，分别在离地面57米、115米和276米处，从塔座到塔顶共有1 711级阶梯，超级壮观。三层眺望台虽然高度不同，却各有不同的视野，能带来不同的情趣。一个世纪以来，每年都有几百万人登临塔顶，俯瞰巴黎市容，叹为观止。

埃菲尔铁塔白天和晚上的感觉截然不同。白天观赏铁塔，钢铁结构分明，令人肃然起敬。而到了晚上，埃菲尔铁塔又是另外一幅景象，探照灯散发出金色的光芒，数不尽的灯泡制造出闪烁的效果，碰到特殊节日和活动还会有特别的颜色。

塞纳河是流经巴黎市中心的法国第二大河，全长780千米，仅次于卢瓦尔河。在巴黎市中心段，河道被人工石砌的河堤约束，这些河堤还被列入世界遗产名录。法国人根据河水流动方向将塞纳河北岸称为右岸，南岸称为左岸；右岸是巴黎的主要商业区与政治中心，左岸有著名的咖啡店及拉丁区，充满文艺气息。

塞纳河上架着众多的桥梁，造型上各有特点，而其中最壮观、最金碧辉煌的是亚历山大三世桥。这座桥是为庆祝法俄同盟而建，

以其独一无二的钢结构桥拱，将香榭丽舍大街和荣军院广场连接起来。

西岱岛就坐落在塞纳河中，岛上是著名的巴黎圣母院。此外，还有很多著名的文物建筑都围绕在塞纳河的两岸，如卢浮宫、奥赛博物馆、大宫、小宫、荣军院、埃菲尔铁塔等。塞纳河也是巴黎这座文化名城的母亲河，孕育了如莫泊桑、莫奈等许多世界闻名的文化名人。

如果你时间充裕，不妨乘坐游船来欣赏河畔的诸多名胜，尤其在傍晚，白昼与黑夜交替时的景致更为独特迷人。

普罗旺斯曾经是罗马帝国的一个行政省，现在是法国东南部的一个大区，南邻地中海，北倚阿尔卑斯山，和意大利接壤。普罗旺斯境内有马赛、阿维尼翁、埃克斯等主要城市，因为得天独厚的气候和水土，大片的薰衣草和向日葵花田遍布乡间，也使得整个普罗旺斯充满了游人如织的景点。

普罗旺斯最令人心旷神怡的是，它的空气中总是充满了薰衣草、百里香、松树等香气，这种独特的自然香气是在其他地方所无法体验到的，百花之中又以薰衣草最受喜爱。由于充足灿烂的阳光最适宜薰衣草的成长，再加上当地居民出于对薰衣草疗效的钟爱而广泛种植，在普罗旺斯的瓦伦索勒及塞南克修道院等许多地方，都可以看到紫色花海翻腾涌现的迷人画面。

虽然我们习惯于将普罗旺斯与薰衣草联系在一起，但如今的普罗旺斯，早已超越了这个象征符号或者纯粹的地名意义，它更代表了一种简单无忧、轻松慵懒的生活方式，一种宠辱不惊、看庭前花开花落，去留无意、望天际云卷云舒的闲适意境。

（二）英国景致

伦敦塔桥是伦敦的地标建筑之一，也是伦敦的象征。它是一座横跨泰晤士河的吊桥，也是一座开启桥，当泰晤士河上有万吨船只通过时，桥身慢慢分开，向上折起，船只过后，桥身慢慢落下，恢复车辆通行。

塔桥桥身为四座塔楼连接而成，桥长 244 米，分上下两层，上层为塔桥的参观者通过的人行道（需收费），行人从桥上通过可以饱览泰晤士河两岸的美丽风光；下层为车辆和

行人通行（免费），如今桥面上只有两个车道，给行人留出了更多的空间。桥基上有两座高耸的方形主塔，主塔有五层楼之高，在主塔上建有白色大理石的屋顶和五个小尖塔，远看就像两顶王冠。

白金汉宫始建于1703年至1705年，后经多次扩建，现在是英国女王在伦敦办公和居住的地方、王室的行政总部，也是当今世界上少数仍在使用的皇家宫殿之一。白金汉宫和英国著名的国会大厦、伦敦塔桥以及红色双层巴士一样，都是伦敦乃至整个英国的标志。白金汉宫是新古典主义风格的方形围院建筑，主体有五层。宫内有典礼厅、音乐厅、宴会厅、画廊等700多个房间。宫殿正面的大门富丽堂皇，铁栏的金色装饰威严庄重，里面纹丝不动地伫立着那些著名的近卫军士兵。铁栏外的广场上有手持权杖、塑造为天使形象的维多利亚女王雕像。周围占地广阔的御花园是典型的英式风格园林。宫殿正面入口面向东北方，通过林荫路与特拉法加广场相连。宫前广场是观看皇家卫队换岗仪式的最好地点，头戴熊皮帽、身着红色制服的皇家卫队威风凛凛，很有看点。

（三）意大利风光

在罗马所有的纪念性建筑中，古罗马大斗兽场最令人叹为观止。这里曾是角斗士们性命相搏、死囚们与饿狮苦斗的地方，也是永恒之罗马的伟大象征所在。英国历史学家比德（Beda Venerabilis）曾写道：“斗兽场矗立的时候，罗马也将存在；斗兽场坍塌的时候，罗马也将灭亡。”

斗兽场由皇帝韦斯巴芗（Vespasian）建于暴君尼禄富丽堂皇的金宫（Dumus Aurea）原址，于公元80年竣工。但随着罗马帝国在公元6世纪的衰落，大斗兽场逐渐被遗弃，变得杂草丛生。之后的年间，斗兽场多次遭地震损坏，甚至成为建筑商们的石料和大理石取材地。现在呈现在人们面前的斗兽场只剩残缺的骨架，但仍可以从中窥见当日风采。

在威尼斯，圣马可广场是唯一被称为“Piazza”的广场，其他的广场无论大小皆被称为“Campi”。圣马可广场在欧洲城市的广场中是独一无二的，它坐落在市中心，却不像其他广场那样受到交通的喧闹，这归功于威尼斯宁静的水路交通。作为威尼斯的地标，圣马可广场受到游客、摄影师和鸽子的格外青睐。19 世纪法国皇帝拿破仑曾称赞其为“欧洲最美的客厅”。圣马可广场在历史上一直是威尼斯的政治、宗教和节庆中心，是威尼斯所有重要政府机构的所在地，自从 19 世纪以来是大主教的驻地，它同时也是许多威尼斯节庆选择的举办地。200 多年过去了，这个位于大运河边上的梯形广场，魅力依然不减。广场长约 170 米，东边宽约 80 米，西侧宽约 55 米。从元旦到狂欢节到圣诞节，威尼斯人在圣马可广场举办大大小小的节日盛会，即使在平常的日子，来自四面八方的人们也奔向这个广场。

三、美洲篇（America）

亚美利加州（America）分为北亚美利加洲（North America）和南亚美利加洲（South America），位于太平洋东岸、大西洋西岸。美洲位于西半球，自然地理分为北美洲、中美洲和南美洲，南纬 60°～北纬 80°，西经 30°～西经 160°，面积达 4 206.8 万平方千米，占地球地表面积的 8.3％、陆地面积的 28.4％，美洲地区拥有大约 9.5 亿居民，占到了人类总数的 13.5％。它是唯一一个整体在西半球的大洲。北美洲和南美洲，以巴拿马运河为界，美洲又被称为“新大陆”。

（一）美国风光

自由女神像是美国国家的纪念碑，是法国在 1876 年赠送给美国的独立 100 周年礼物。女神矗立在纽约市哈德逊河口的自由岛上，被誉为美国的象征。1984 年，它被列入世界遗产名录。自由女神穿着古希腊风格的服装，头戴光芒四射的冠冕，七道尖芒象征世界七大洲。她造型宏伟，令人瞩目。塑像拔地而起，高约 46 米，底座约 27 米，腰围 10 米，她那未露笑容的嘴有 1 米宽。右手高举象征自由的火炬，长达 12.8 米，火炬的边沿上可以站 12 个人。女神体态似一

位古希腊美女，使人感到亲切自然。当夜幕降临，神像基座的灯光向上照射，将女神照得宛如一座淡青色的玉雕。一个多世纪以来，耸立在自由岛上的自由女神铜像已成为美利坚民族和美法人民友谊的象征，永远表达着美国人民争取民主、向往自由的崇高理想。进入纽约港的船只上的乘客可以看见屹立的自由女神高举自由火炬。对成千上万个来美国的移民来说，自由女神是摆脱旧世界的贫困和压迫的保证。

威基基海滩位于夏威夷檀香山市，是世界上最出名的海滩之一，也是最著名的度假胜地。它东起钻石山下的卡皮奥拉妮公园，一直延伸到阿拉威游船码头，但其中最精华的部分是从丽晶饭店到亚斯顿威基基海滨饭店之间的一段。

这里有细致洁白的沙滩、摇曳多姿的椰子树以及林立的高楼大厦，且这里的海水宁静开阔，喜欢热闹的，可以去位于喜来登酒店与威基基酒店之间的沙滩区。这里可以划船、冲浪和坐皮划艇。若是喜欢安静的，可以前往希尔顿酒店附近的沙滩区，可以去乘坐海边的亚特兰蒂斯号潜水艇，潜入 36 米深的海洋深处，欣赏美丽的暗礁；也可以在海滩上享受太阳浴，看海滩上来往的比基尼美女；又或者在夕阳西下时沿着沙滩散步，欣赏落日的壮丽景象。

（二）加拿大景致

班夫国家公园是加拿大第一座、也是世界第三座的国家公园，被联合国教科文组织列为世界文化遗产地，仅次于美国的黄石公园和澳洲的爱象公园。

俗话说：1 个班夫顶 20 个瑞士，这就足以证明班夫的美。公园地处艾尔伯特省卡尔加里西面的一个小镇，它盘卧在落基山脉的脚下，被落基山脉层层包围和穿插，是一个飘在蓝天、高山、绿地和河流之间的大自然的美妙造物，因此被称为落基山脉的灵魂。国家公园包括班夫和露易丝湖两座迷人的小镇。这里有谷地高山、冰原河流、森林草地，是堪称世界一流的旅游目的地。绵绵山脉中看广阔的冰河，翠绿的湖泊如宝石般镶嵌在深绿色的针叶林中。

温哥华，被誉为世界上最适宜居住的城市，因为地理环境的独特，气候怡人，比加拿大其他地方常年温暖许多，依靠着太平洋海岸山脉，面朝着风景如画的佐治亚海峡，

造就了温哥华绝佳的居住环境。这里虽不能见到大气磅礴的落基山壮景，也不如多伦多那么摩登，但它却有着自己独特的风情，温哥华的华裔很多，去北美第二大的唐人街走走，总是会感到一丝熟悉和亲切。秀雅的山水美景，悠闲的城市节拍，来温哥华度假，玩上几天，说不定你就真的舍不得离开了。想要被芬芳美丽的花花草草环绕着，就去斯坦利公园晃晃，这是温哥华最大的市内公园，有着茂密的森林和幽静的散步小道。想来个文艺范十足的温暖午后吗？在格兰维尔岛上，沿着海岸找个长椅坐着，似乎空气里都有着太阳的味道，街头艺人你方唱罢我登场的舒展歌喉，咖啡馆和特色小店比比皆是，岛上风光这里独好。

（三）南美风光

如果你听说过复活节岛，那一定也听说过岛上那些神秘的石头人像，它们有个可爱的名字——莫埃（Moai）。这些令人费解，凝望大海的巨石莫埃是靠什么矗立在岛上的，至今仍是一个谜。而这些散落在岛上各处的石像就位于拉帕·努伊国家公园内。拉帕·努伊国家公园即拉帕·努伊岛，也就是复活节岛，拉帕·努伊是当地人对复活节岛的称呼，即整个岛就是国家公园。复活节岛是世界上最与世隔绝的岛屿之一，当地人称它为“世界的肚脐”。岛呈三角形，由3座火山组成，早在公元300年，就有波利尼西亚人在此居住，这些巨大的石像便是他们所建立的，而这些波利尼西亚人是如何在这座孤岛上生存的，同样也成为了困扰历史学家和考古学家多年的问题。对于游客而言，来岛上游玩最方便的就是租车环岛游，三四天足以。当然，你也可以选择报团，当地小镇上有旅行社，可以在当地导游的带领下游玩。日出、日落、石像、火山、沙滩和洞穴，整个公园都充满着神秘色彩，一定会不虚此行。

基度山是里约热内卢的象征，位于奇久卡国家森林公园以东，因山上矗立着一座巨型的耶稣像，而成为了里约热内卢和巴西的象征。这座巨型耶稣像位于710米高的山顶，是为了纪念巴西

独立100周年而建的。耶稣张开双臂，鸟瞰整个里约，整个雕像就仿佛是一个巨大的白色十字架守护着里约热内卢。夜晚在灯光的照射下，在里约市内的几乎任何一个角落都可以看到。

四、非洲篇（Africa）

提起埃及的金字塔，便会想到狮身人面像，它位于金字塔景区，在胡夫金字塔和卡夫拉金字塔的附近，已有4 000年历史的狮身人面像与金字塔同为古埃及文明最有代表性的遗迹，它也是埃及的代名词。在开罗，狮身人面像不止这一座，只是这一座是开罗最大的一座，也是最有名的一座。狮身人面像顾名思义它是个人脸狮身的雕像，前爪向前卧在沙漠上，整个雕像高22米，长57米，除了前爪外，全部由一块天然岩石雕成。原来的狮身人面像头戴皇冠，身上还有圣蛇浮雕，并留有长须，脖子围有项圈。但经过几千年来风吹雨打和沙土掩埋，皇冠、项圈不见踪影，圣蛇浮雕于1818年被英籍意大利人卡菲里亚在雕像下掘出，献给了英国大英博物馆。胡子则脱落得四分五裂，埃及博物馆存有两块，大英博物馆存有一块（现已归还埃及），而最严重的则是鼻子部分，有说是因为风化导致鼻子脱落，也有说是当年拿破仑用大炮打的，不管怎样，如今的狮身人面像已痼疾缠身，千疮百孔。

维多利亚瀑布又称莫西奥图尼亚瀑布，位于非洲赞比西河中游，赞比亚与津巴布韦接壤处。宽1 700多米，最高处108米，为世界三大瀑布之一。欧洲探险家戴维·利文斯敦1855年在旅途中发现它，并以英国女王的名字为其命名。维多利亚瀑布1989年被列入世界遗产目录。

维多利亚瀑布是一个瀑布群，由于利文斯岛当江阻隔，将其分为五段，形成魔鬼瀑布、主瀑布、马蹄形瀑布、彩虹瀑布和东瀑布。其中，位于最西边的魔鬼瀑布最为气势磅礴，以排山倒海之势直落深渊，轰鸣声震耳欲聋，强烈的威慑力使人不敢靠近。

好望角最初称为风暴角，是位于非洲西南端非常著名的岬角，它是开普敦的地标，也是南大西洋与印度洋的交汇处，它的正南方便是遥远的南极洲。好望角处于好望角自

然保护区内，保护区内其实有两个海角，除了好望角还有一处海角名为开普角（Cape Point），它同样是景区内最受欢迎的景点。好望角虽在保护区内，但却可以开车进入。景区大门非常简单，进入后两旁都是鲜花灌木，绵绵远山。在通往好望角的路上可以看到远处山坡上有一座黑白分明的纪念碑，这座纪念碑是为了纪念从欧洲绕好望角到印度航海路线的开拓者——葡萄牙航海家达伽马的，由于纪念碑在上坡上，山上杂草丛生，基本无法达到纪念碑脚下，只能远眺。在纪念碑隔着马路的另一侧，还有一座面向大西洋的纪念碑，这是另一位葡萄牙航海家迪亚士的纪念碑，最初也就是他命名这个海角为风暴角的。

五、大洋洲篇（Oceania）

悉尼歌剧院位于澳大利亚新南威尔士州的首府悉尼市贝尼朗岬角，三面临水，环境开阔。这座综合性的艺术中心，在现代建筑史上被认为是巨型雕塑式的典型作品，也是澳大利亚的象征性标志，2007 年还被联合国教科文组织评为世界文化遗产。悉尼歌剧院不仅是悉尼艺术文化的殿堂，更是悉尼的灵魂，清晨、黄昏或夜晚，不论徒步缓行或坐船出游，悉尼歌剧院随时为游客展现不同的迷人风采。如果有时间的话可以选择入内参观，然后看一场原汁原味的现场演出。

皇后镇位于瓦卡蒂普湖的北岸，堪是新西兰南岛最漂亮的地方。坐落在沉静悠远的、绽放着蓝绿色耀眼光芒的瓦卡蒂普湖畔的皇后镇，犹如一位绝世美人，令人惊艳不已。它壮丽的自然风光、挥之不去的百年古镇风情以及享誉全球的极限运动，使它成为新西兰最受欢迎的度假胜地之一。新西兰南岛之旅的第一站，非皇后镇莫属。依山傍水的环境，使得任何喜爱探险的人都可以找到心仪的皇后镇景点。如果你对蹦极感兴趣，那你一定听说过卡瓦劳大桥，这里是世界蹦极跳的发源地。从距卡瓦劳河面 43 米高的桥上往下跳，该有多

刺激！坐四驱车越野，欣赏《指环王》拍摄地的奇妙风光；乘上喷射快艇，在激流中快速穿梭于高山峡谷间；或是骑马、步行/徒步旅行、漂流、骑山地自行车、爬山/登山活动这些都会让你大呼过瘾。到了冬天，皇后镇更是进行滑雪和各种雪上运动的绝佳选择。

知识徜徉

世界十大神奇景点

1. 空中花园

空中花园，是古代世界七大奇迹之一，又称悬园。它是公元前6世纪由新巴比伦王国的尼布甲尼撒二世在巴比伦城为其患思乡病的王妃安美依迪丝修建的，现已不存。空中花园据说采用立体造园手法，将花园放在四层平台之上，由沥青及砖块建成，平台由25米高的柱子支撑，并且有灌溉系统，奴隶不停地推动连系着齿轮的把手。园中种植各种花草树木，远看犹如花园悬在半空中。巴比伦文献中，空中花园仅是一个谜，甚至没有一篇提及空中花园。

2. 珠穆朗玛峰

珠穆朗玛峰，简称珠峰，又意译作圣母峰，尼泊尔称为萨加马塔峰，也叫“埃非勒斯峰”，位于中国和尼泊尔交界的喜马拉雅山脉之上，终年积雪。高度8 844.43米，为世界第一高峰，中国最美的、令人震撼的十大名山之一。珠峰山体呈巨型金字塔状，威武雄壮昂首天外，地形极端险峻，环境异常复杂。

3. 马里亚纳海沟

马里亚纳海沟是世界上最深的海沟，其最深处叫查林杰海渊。马里亚纳海沟位于北太平洋西部马里亚纳群岛以东，为一条洋底弧形洼地，延伸2 550千米，平均宽69千米。主海沟底部有较小陡壁谷地。1951年，英国“查林杰8号”船发现了这一海沟，当时探测出的深度为 10 836 米。此后，这一数据不断被新的纪录所修正。

4. 钱塘江大潮

钱塘潮发生在浙江省钱塘江流域，是由于月球和太阳的引潮力作用，使海洋水面发生周期性涨落的潮汐现象。

5. 狮身人面像

胡夫的圣旨：在公元前 2610 年，法老胡夫来这里巡视自己快要竣工了的陵墓——金字塔。胡夫发现采石场上还留下一块巨石，当即命令石匠们按照他的脸型雕一座狮身人面像。石工们冒着酷暑，一年又一年精雕细刻，终于完成了它。像高 20 米，长 57 米，脸长 5 米，头戴“奈姆斯”皇冠，额上刻着“库伯拉”（即 cobra：眼镜蛇）圣蛇浮雕，下颌有帝王的标志——下垂的长须。一只耳朵，有 2 米多长。

6. 死海

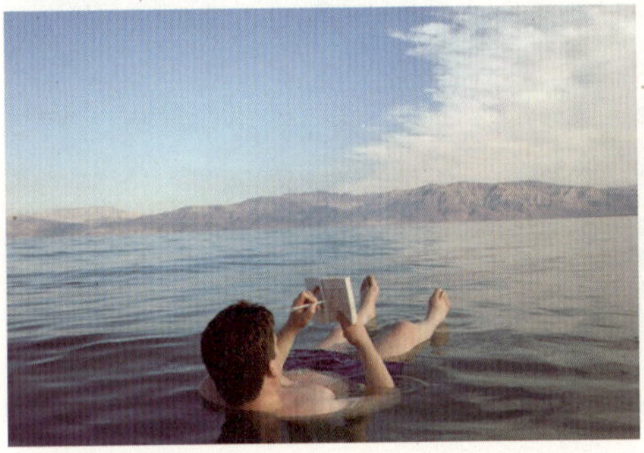

死海位于约旦和巴勒斯坦交界，是世界上最低的湖泊，湖面海拔－422 米，死海的湖岸是地球上已露出陆地的最低点，湖长 67 千米，宽 18 千米，面积 810 平方千米。死海也是世界上最深的咸水湖、最咸的湖，最深处 380 米，最深处湖床海拔－800 米，湖水盐度达 300 克/升，为一般海水的 8.6 倍。死海的盐分高达 30%，也是地球上盐分居第二位的水体，只有吉布提的阿萨勒湖的盐度超过死海。

7. 金字塔

金字塔，在建筑学上是指锥体建筑物，一般来说基座为正三角形或四方形等的正多边形，也可能是其他的多边形，侧面由多个三角形或接近三角形的面相接而成，顶部面积非常小，甚至成尖顶状。古代金字塔，是用石块堆栈而成，越高使用材料越少，质心接近基座，可以有效抵挡自然灾害，因此各地文明的先民，会利用金字塔作为重要纪念性建筑，如陵墓和寺庙。20 世纪 70 年代开始，由于建筑技术的演进，达到轻质化、可塑化、良好的空调与采光，有些建筑师会从几何学选取元素，现代金字塔式建筑在世界各地被建造出来。

8. 玛雅文明

玛雅文明的建筑工程达到世界最高水平，能对坚固的石料进行雕镂加工。通过长期观测天象，已经掌握日食周期和日、月、金星的运动规律；雕刻、彩陶、壁画都有很高艺术价值，被称为美洲的希腊。

9. 百慕大群岛

百慕大群岛位于北大西洋，是英国的自治海外领地，位于北纬 32 度 14 分至 32 度 25 分，西经 64 度 38 分至 64 度 53 分。百慕大是历史最悠久的英国海外领地，早于英格兰殖民《1707 年联合法案》颁布及英国建立前的一两个世纪。联合国非殖民化委员会自 1945 年起将其列为全球 16 个非自治领地之一。

10. 神农架

神农架位于湖北省西部边陲，东与湖北省保康县接壤，西与重庆市巫山县毗邻，南依兴山、巴东而濒三峡，北倚房县、竹山且近武当，神农架是中国内陆保存完好的一块绿色宝地。它拥有在当今世界中纬度地区保持完好的亚热带森林生态系统，是最富特色的垄断性的世界级旅游资源，动植物区系成分丰富多彩，古老、特有而且珍稀。苍劲挺拔的冷杉、古朴郁香的岩柏、雍容华贵的梭罗、风度翩翩的珙桐、独占一方的铁坚杉，枝繁叶茂，遮天蔽日；金丝猴、白熊、苏门羚、大鲵以及白鹳、白鹤、金雕等走兽飞禽出没草丛，翔天林间。一切是那样地和谐宁静，自在安详。这里还有着优美而古老的传说和古朴而神秘的民风民俗，人与自然共同构成中国内地的高山原始生态文化圈。神农氏尝草采药的传说、“野人”之谜、汉民族神话史诗《黑暗传》、川鄂古盐道、土家婚俗、山乡情韵都具有令人神往的诱惑力。

温馨提示

尴尬的一词多义：出国要慎用的 4 个英文单词

也许你认为自己去英语国家旅游完全没问题，再仔细想想！不同的英语国家对于同一个英文单词可能有不同的理解。看看哪 4 个单词会令你在其他英语国家遭遇尴尬吧。

Pants

在英国，如果你和人家说你要去买“pants”（美式英语中意为“长裤”），那意思是你要买“内裤”。如果你要买的是牛仔裤或卡其裤，你应该用“trousers”这个词。

避免使用的国家：英国、爱尔兰。

Fanny

你有“fanny pack”（美式英语中意为“腰包”）吗？在大多数英语国家，“腰包”更多地被称作“bum bags”，因为“fanny”是对女性私处的俚语说法（没错，我们说的不是臀部）。所以也千万不要对别人说：别懒了，抬起“fanny”干活吧！

避免使用的国家：英国、爱尔兰、澳大利亚、新西兰、南非。

Pissed

在美国，人们生气时会说“get pissed off”，但是在英国和爱尔兰如果说“pissed”，意思是烂醉如泥。不过“taking the piss”意思是“取笑”，而不是“喝醉”。

避免使用的国家：英国、爱尔兰、澳大利亚、新西兰。

Bangs

如果你在英国炫耀自己的新“bangs”（刘海），恐怕不少人会向你投去怪怪的眼神。在那里“刘海”被叫做“fringe”而不是“bangs”。在美国以外的地方，“bangs”是一种粗俗的俚语说法。

避免使用的国家：北美以外的任何国家。

含英咀华

人生就像一场旅行

人生就像一场旅行，不必在乎目的地，在乎的，是沿途的风景，以及看风景的心情。暮暮朝朝又一载，每个人都是匆匆的行者。人生在世，各有各的生存状态，各有各的心路历程，也各有各的价值观念，这都是不能强求的。在物欲横行的今天，如果一个人注意调适自我，对物欲的追求少一点，对精神的追求多一点，多一份闲云野鹤的生活，少一点尘世的俗累。那么就可以很从容地欣赏沿途的景色。

珍惜眼前的一切，开开心心过好每一天。让自己多点开心，也不枉为来人世间旅行一趟。是的，人生就是一次旅行，重要的不是结果，而是沿途的风景及看风景过程的心情。佛说：人生就是苦，因此这是一条苦难的河。儒说：人生一世，惟建功立业，光宗耀祖，因此这是一条淘金的河。道说：人生如梦无有无不有，无为无不为，因此这是一条睡眠之河。

人就是如此：当欲望得不到满足时，会痛苦；当欲望得到满足时，会无聊。已经拥有的东西往往不知道珍惜，没有得到的东西却总在追求。就是在这样的反复人生经历中，举目笑看花开花落，当对镜发现一缕青白，才知在不知不觉中，从身边悄然而去的岁月，和岁月留下的那抹惆怅。你也许会不甘心，你要见证你的生命的力量，所以你不断地追求，不断地求索，你为名、为利、为爱，在人生的舞台上不停地旋转着，永不停歇。所以你牺牲了很多看风景的机会，浪费了很多看风景的心情。你追求的只是一个结果，却忘了要享受过程。当你再次看到眼角的鱼尾纹时，才把自己瑟缩在角落里，开始回味，开始琢磨，开始品啜那份孤独。因为你的满足，你失去了很多个机会；因为你的不满足，你又缺少了生活中的浪漫。生活真的是难以琢磨，真的是变幻莫测。它给每个人出了一张心情试卷，也为每个人准备了不同的答案，活得洒脱、活得真诚、活得随意、活得热情的人就活得精彩；刻意地追求的人、倦怠了生命的人、只注重结果的人、不择手段的人就活得疲惫。

很喜欢《天路》这首歌的歌词内容，我一直幻想着可以走进那个离天堂最近的地方。然而理想的遥远让心无法到达，金钱，时间，生活，苦难，一切的一切形成了无法实施的理由。时间就这样一天天地流失了，在每天太阳升起的时候我都会跟自己说，给自己一个快乐的理由，给心情一个放松的借口，哪怕就是真的没有钱没有时间，我一样可以做到幸福每一天。就这样把自己关在家里，躺在阳光下，读着自己喜欢的书，写着自己的心情文字，听听收音机里那久违的音乐。幸福就是这样简单，简单得只有自己的心可以感受到。

就这样坐在房间里，听着歌曲，浏览着自己曾经学写过的文字，那是一种无法用语言来描述的休闲。有了网络可以就这样把自己的文字放在这里，把自己的心情堆砌在这里，无论是什么，只要自己喜欢就可以写下来，就可以收藏起来。一如此时写下的对你的心绪，那样地随意，随意看到的人不知道你是谁，你自己看到也不知道我是谁。

人生的路上，我们总是会错过太多，而真正的天路是在死去之后，我们那个时候是否真的会踏上天路，没有人知道。总是想在不违背自己意愿又不损害别人利益的情况下，可以尽量多一点的寻找快乐的事情去做，一个季节的交替，一个轮回的往来，在我们看来也许没有太多的影响，但是仔细想来，人生能有多少个春秋轮回。无论我们手中拥有的是什么都要去珍惜，要珍惜时间，要珍惜金钱，要珍惜健康，要珍惜我们生命中出现的一切。

我们要珍惜生命中的每一天，不要等秋天过了感叹春天里的绿色，在冬天的时候渴望夏的温暖。在人生的道路上，不要为了匆忙得赶路而忽视了沿途的风景。

人生就像一次旅行，不必在乎目的地，在乎的是沿途的风景以及看风景的心情！人生怎样才能够真正做到如此的豁达？

人生是一段旅程，在旅行中遇到的每一个人、每一件事与每一个美丽景色，都有可能成为一生中难忘的风景。一路走来，我们无法猜测将是迎接什么样的风景，没有预兆目的地在哪，可是前进的脚步却始终不能停下，因为时间不允许我们在任何地方停留，只有在前进中不断学会选择，学会体会，学会欣赏。

美丽缤纷的风景，就像人生的快乐幸福，能够将生命点亮，丰富人生的美好记忆。而崎岖泥泞的阻碍，就像人生的困惑悲伤，会让前进的脚步沉重，可是也同时磨砺意志，积累经验，使人能更好地迈开下一步。旅行不会因为美丽的风景就终止，再华丽绚烂也是要经过，如果想在此刻就停留，那么就会错过更多更好的风景了。同样，不管是多么可怕的风雨，也不会是持续整个旅行，坚持前进的脚步，相信不久就会迎来彩虹。用欣赏风景的心情迈开每一步，将阳光或是风雨都收进背后的行囊，人生的旅程定会丰富而精彩！

在人生的旅行中，走过的路都将成为背后的风景，不能回头不能停留，那么就不如享受每一刻的感觉，欣赏每一处的风景。当我们要想欣赏左边的群山，就要放弃右边的平原；要想欣赏右边的大海，就得放弃左边的小溪。有得必有失这是大自然永恒的规律，我们要懂得放弃，放弃从另一个角度讲或许是一种成功。但是我们要懂得珍惜自己现在拥有的。陶醉于群山时，不要想着平原，沉迷于小溪时，不要还想着大海。在人生这趟旅行中，我们会得到很多很多，我们也会失去很多很多，但是我们不会为我们的失去而后悔。因为我们曾经奋斗过，曾经拥有过，我们经历过人生这趟旅行，我们感受过生活的酸甜苦辣，我们无愧于我们的今生。

用心去享受沿途的风景吧。

【参考文献】

［1］赵红梅．论旅游文化——文化人类学视野．旅游学刊，2014，1.

［2］程锦，陆林，朱付彪．旅游产业融合研究进展及启示．旅游学刊，2011，4.

［3］李德仁，眭海刚，单杰．论地理国情监测的技术支撑．武汉大学学报（信息科学版），2012，5.

［4］张德海．NKI国家和地区地理知识的获取与分析．云南师范大学，2002，6.

［5］陈君慧．世界地理知识百科．长春：吉林出版集团有限责任公司，2013.

［6］陈君慧．中国地理知识百科．长春：吉林出版集团有限责任公司，2013.

［7］《图行世界》编辑部．全球最美100个地方．北京：中国旅游出版社，2010.

［8］李栓科．中国国家地理：极致之美．北京：中信出版社，2014.

［9］陈君慧．世界地理探秘．长春：吉林出版集团有限责任公司，2013.

［10］陆大道．中国国家地理百科全书．长春：北方妇女儿童出版社，2005.

［11］陆大道．环球国家地理百科全书．太原：山西教育出版社，2006.

［12］《图说天下·国家地理系列》编委会．人一生要去的100个地方·世界篇．北京：北京联合出版公司，2012.

第六章

审美鉴赏篇：众里寻他千百度

爱美之心，人皆有之。爱美是人的天性。在社会生活中，人们不断地创造美、追求美、欣赏美，以美为伴、以美为荣、以美为快。但是，在现实社会中，有不少人爱美却不会好好地欣赏美。由于缺乏一双会欣赏美的眼睛，以致不少具有美的价值的事物，在眼皮底下白白溜过，这太令人遗憾。所以，单有爱美还不够，还必须学会能欣赏美。也就是我们所说的审美。

毋庸置疑，审美对象具有客观性，并非仅仅因为构成审美对象的物质材料本身具有客观实在性，更主要的是，这些客观物质材料总是承载着、蕴含着一定的客观生活内容，电影、绘画、音乐需要我们审美，甚至我们生活中一草一木、鸟语花香都可以成为我们的审美对象。

每一个有意义的事物都属于人的世界，在审美活动中，主体越是忽视自身的现实存在就越是有助于对象的存在。这种状态，庄子称为“忘坐”。

现实生活中任何一种形状总是某一具体事物的形状，任何一种色彩、音响也都必然与某种具体的事物联系在一起。比如，声音，总是虫鸣声、鸟啼声、水流声、马嘶声、雷吼声、风吹雨打声等；色彩，也无非是绿油油的草地、金黄色的太阳、湛蓝的天空、火红的鲜花、伸手不见五指的黑夜等，这些形态各异、五彩缤纷的事物并不是作为一种纯然静观的对象被人所注意的，它们总是承载着、蕴含着一定的客观生活内容进入了我们生活的世界。只有以一种“忘坐”的状态去体悟这个世界，我们才能够真正感受到这个世界美的所在。

第一节 电影——使时间的流逝变得甜美

经典电影

卧虎藏龙剧情

一代大侠李慕白有退出江湖之意，托付红颜知己俞秀莲将自己的青冥剑带到京城，作为礼物送给贝勒爷收藏。这把有四百年历史的古剑伤人无数，李慕白希望如此重大决断能够表明他离开江湖恩怨的决心。谁知当天夜里宝剑就被人盗走，俞秀莲上前阻拦与盗剑人交手，但最后盗剑人在同伙的救助下逃走。有人看见一个蒙面人消失在九门提督玉大人府内，俞秀莲也认为玉大人难逃干系。九门提督主管京城治安，玉大人刚从新疆调来赴任，贝勒爷既不相信玉大人与此有关，也不能轻举妄动以免影响大局。

俞秀莲为了不将事情复杂化，一直在暗中查访宝剑下落，也大约猜出是玉府小姐玉娇龙一时意气所为。俞秀莲对前来京城的李慕白隐瞒消息，只想用旁敲侧击的方法迫使玉娇龙归还宝剑，免伤和气。不过俞秀莲的良苦用心落空，蒙面人真的归还宝剑时，不可避免地跟李慕白有了一次正面的交锋。而李慕白又发现了害死师傅的碧眼狐狸的踪迹，此时李慕白更是欲罢不能。

玉娇龙自幼被隐匿于玉府的碧眼狐狸暗中收为弟子，并从秘籍中习得武当派上乘武功，早已青出于蓝。在新疆之时，玉娇龙就瞒着父亲与当地大盗“半天云”罗小虎情定终身，如今身在北京，父亲又要她嫁人，玉娇龙一时兴起冲出家门浪迹江湖。

任性傲气的玉娇龙心中凄苦无处发泄，在江湖上使性任气，俨然是个小魔星。俞秀莲和李慕白爱惜玉娇龙人才难得，苦心引导，总是无效。在最后和碧眼狐狸的交手之中，李慕白为救玉娇龙身中毒针而死。玉娇龙在俞秀莲的指点下来到武当山，却无法面对罗小虎，在和罗小虎一夕缠绵之后，投身万丈绝壑。

经典对白

李慕白：秀莲，我们能触摸的东西没有“永远”。师父一再地说：把手握紧，里面什么也没有；把手松开，你拥有的是一切。

俞秀莲：慕白，这世间不是每一件都是虚幻的。刚才你握住我的手，你能感觉到它的真实吗？

李慕白：你的手冰凉凉的，那些练刀练出来的硬茧，每一次我看见，都不敢触摸。秀莲，江湖里卧虎藏龙，人心里何尝不是？刀剑里藏凶，人情里何尝不是？我诚心诚意地把青冥剑交出来，却带给我们更多的麻烦。

俞秀莲：压抑只会让感情更强烈。

李慕白：我也阻止不了我的欲望：我想跟你在一起。就像这样坐着，我反而能感到一种平静。

俞秀莲：慕白，守住气，给我一点希望。

李慕白：生命已经到了尽头，我只有一息尚存。

俞秀莲：用这口气炼神还虚吧。解脱得道，元寂永恒，一直是武当修道的愿望。提升这一口气达到你这一生追求的境地。别放下，浪费到我身上。

李慕白：我已经浪费了这一生。我要用这口气对你说：我一直深爱着你。我宁愿游荡在你身边，做七天的野鬼，跟随你，就算落进最黑暗的地方……我的爱，也不会让我成为永久的孤魂。

含英咀华

“老师！李博打架了！”向非像只惊飞的小鸟，扑闪进办公室。嗬，这速度，若在唐朝，绝对能为杨贵妃尝到新鲜荔枝立下汗马功劳呢，我惋惜着。

“李博，打架，又打架，又是李博”。李博是班里的大个，高出别人一头，头顶上有三个螺旋，几簇头发总是倔强地耸立着，两条黏糊糊的鼻涕稍不留神便探出鼻孔，“唏唆”一声又立马溜回了大本营，袖口经常油光光一片。他信奉的是拳头政策，战争三六九，摩擦天天有啊！套用《手机》里的一句话：“麻烦！”

我几步蹿到教室，只见教室里一片狼藉：桌倒凳翻，书纸一地，李博卡着小个子李政的脖子，顶在墙角。李政鼻青脸肿，一见我就号啕大哭，泪人儿一般。

只好来个“三堂会审”。原来竟是个案中案，连环案：小个李政欺负小小个向非，大个李博“路见不平，拔刀相助”，怒扁李政。我狠狠瞪了李政一眼，欺软怕硬，打架还哭，孬种，丢脸啊！

可我怎么来评价李博呢？从本人的性格上来说，我喜欢这样的孩子，“路遇不平，古道热肠”，多难得啊，尤其在“各人自扫门前雪，休管他人瓦上霜”已成为习惯的今天，这种侠义行径可算是珍版绝本，只能在金庸小说里见识了。但打架这种过激的行为，毕竟是个愚蠢的办法，潜伏着极大的危险。我想这件事我不能武断结论，而是尽可能地细腻和耐心一些。

我想起小学的一篇课文《好汉查理》，人物查理调皮捣蛋，爱搞恶作剧，但心地善良，爱帮助人，竟与李博很多特点不谋而合。于是，我专门开了一堂语文延伸讨论课：好汉查理与好汉李博。在同学们激烈讨论中，首先肯定了李博的侠义行为，表扬他能在不公平的时候挺身而出，有正义感。同时很多同学尖锐地提出不能打架，要用温和的手段去调停，打架就是不对！李博看到大家把自己与“好汉查理”相提并论，也欣然承认了自己的错误。

但承认错误不一定说明他认识到了错误。于是我又提供了三个真实事例作为讨论：

(1)《贵阳晚报》报道的三学生“拔刀相助”酿命案。

(2) 某中学的“路见不平，拔刀相助”的哥们儿行为造成严重的后果。

(3)《人民日报》报道的“洪战辉路见不平拔刀相助 好汉子拖着肠子大战恶徒”的事迹。

三个事例触目惊心，震撼心灵，同学们唇枪舌剑，各抒己见。在讨论中，孩子们逐步形成共识：“好汉”是惩恶扬善，助人为乐，讲究策略；绝不是恃强凌弱，以大欺小，莽撞行事。

衷心希望孩子们能明白“侠”之所在，个个能成为一条真正意义上的好汉。

经典心语

如何“侠义”

不要片面地把侠义理解为暴力。

不要把拉帮结伙、替朋友出气理解为侠义。

侠义是一种精神，同情弱者、劫富济贫、伸张正义等都是侠义精神的具体体现。

侠义精神还可以上升到国与国，民族与民族之间的关系，甚至是对全人类。

知识徜徉

武侠精神

1. 快意恩仇，睚眦必报

报恩意识是武侠精神的最初源头。“士为知己者死”，自先秦以来就已经成为武侠最坚定的信念之一。“受人滴水之恩，当以涌泉相报”，这个出自武侠的精神信条，后来广泛地为平民大众所接受，成为了中国大众一条基本伦理规范。先秦游侠极端重视个人价值实现的心理，到了汉之后就发展成一种“任侠行权，以睚眦杀人”的复仇意识。快意恩仇的意识是武侠精神中最古老的核心元素之一，但如果过分偏执于狭隘的报恩和复仇，便会容易引发冤冤相报的悲剧。对于这一点，古往今来的武侠著作都表示了不同程度的否定。武侠小说家金庸更是提出了“仁者无敌”的口号，来平衡快意恩仇的传统所带来的消极影响。

2. 守信重诺，一诺千金

武侠的另一大特色就是遵守诺言。司马迁在《史记·游侠列传》中评价侠士说：“布衣之徒，设取予然诺，千里诵义，为死不顾世，此亦有所长，非苟而已也。”又说：“要以功见言信，侠客之义又曷可少哉!”这两句话提到的“侠客之义”其基本内涵都是“守信重诺”，也就是司马迁概括的“其言必信，其行必果，已诺必诚”，这是武侠最根本的人生观，也是武侠阶层伦理观念和道德准则的核心之一。“守信”的传统，不仅成为武侠精神中最重要的核心要素，而且也随着武侠精神在大众社会中的传播得到了普通大众的认可，成为中国传统伦理价值观念中最为推崇的美德之一。

3. 除奸去恶，舍己助人

司马迁归纳的“侠客之义”中有一条重要的行为规范：“千里赡急，不吝其生。”武侠救人急难的行为准则，是侠义精神在民间得到广泛推崇的重要原因。久而久之，在民间社会就形成了以“舍己助人”为荣的伦理观念，最终成为中华民族道德伦理体系中的传统美德之一。而打抱不平则是武侠精神中境界较高的行为准则和伦理规范，是对“千里赡急，不吝其生”传统的继承和发展。武侠小说《三侠五义》中说：“真是行侠作义之人，到处随遇而安。非是他务必要拔树搜根，只因见了不平之事，他便放不下，仿佛与自己的事一般，因此才不愧那个‘侠’字。”可谓对见义勇为精神的精确注脚。宋以后，道德观念迅速普及，而社会的黑暗现实又使百姓无法从权力机构享受真正的正义，因此，除暴制恶、普济众生等观念在武侠伦理中出现，并得到了普遍承认，成为近代武侠精神最重要的一个方面了。

4. 厚施薄望，重义轻利

孔子曰“君子喻于义，小人喻于利”，侠客不但要勇于救人急难、舍己助人，而且在助人之后还应该不接受报答，不贪图扬名。大侠朱家在“佯装不知”的情况下帮助季布躲避通缉之后，竟宣布“终身不见”季布。他的人生信条是“诸所尝施，唯恐见之”。正因为这种济人之危又不图报答的品质，朱家才得以扬名天下，“自关以东，莫不延颈愿交焉”。后世的侠客也纷纷以朱家为榜样，李白《侠客行》中所说“十步杀一人，千里不留行。事了拂衣去，深藏身与名”，正是对行侠不图名、仗义不为利的武侠形象的最好写照。这种重义轻利的观念与之前的恩仇观、诚信观、助人观结合在一起，就形成了最为传统的“侠义”观念。而知恩图报，守信用，厚施薄望，助人为乐等精神，也成为了中华民族的传统美德。

5. 义气相托，为民为国

经历了唐代“儒”“侠”精神的交流融合，和宋代“新儒学”的普及发展，宋代之后，武侠精神发生了一次重要转变，传统的“侠义观”变成了“忠义观”。虽然仍保留着传统的对下层人民的关怀精神，但宋儒“民胞物与”的观念赋予了民众强烈的道德责任感和庄严的历史使命感。儒家“先天下之忧而忧，后天下之乐而乐”“为国为民，侠之大者”的“忧国忧民”思想被武侠阶层接受，这丰富了武侠精神的内容，“对国家民族忠诚”的观念出现了。

经典电影

《阿甘正传》剧情

天空中，一根羽毛随风飘舞，飘过树梢，飞向青天……最后，它落在福雷斯·甘的脚下，阿甘把它夹进自己最喜欢的书中，他正坐在萨凡纳州的一个长椅上，向同坐等公车的路人滔滔不绝地诉说着自己一生的故事。

学生时代

阿甘于“二战”结束后不久出生在美国南方亚拉巴马州一个闭塞的小镇，他先天弱智，智商只有75，然而他的妈妈是一个性格坚强的女性，她要让儿子和其他正常人一样生活，她常常鼓励阿甘你和别人是一样的，要他自强不息。而上帝也并没有遗弃阿甘，他不仅赐予阿甘一双疾步如飞的“飞毛腿”，还赐给了他一个单纯正直、不存半点邪念的头脑。在上学的校车里，阿甘与金发小女孩珍妮相遇（珍妮是一个受父亲“虐待”的女孩），从此，在妈妈和珍妮的爱护下，阿甘开始了他不停地奔跑的一生。

在中学时，阿甘为了躲避同学的追打而跑进了一所学校的橄榄球场，就这样跑进了大学。在大学里，他被破格录取，并成了橄榄球巨星，受到了肯尼迪总统的接见。

越战时期

大学毕业后，在一名新兵的鼓动下，阿甘应征参加了越战。在这里，他遇到了好朋友布巴和丹中尉。在一次战斗中，他所在的部队中了埋伏，一声撤退令下，阿甘记起了珍妮的嘱咐（你若遇上麻烦，不要逞强，你就跑，远远跑开），撒腿就跑，直到跑到了一条河边。这时，他才猛地想起自己的好朋友布巴还没跑出来，于是他又奋不顾身地跑回去救布巴，同时还救起了许多的同伴，阿甘终于救出布巴，但是布巴中弹受了重伤，最后死了。战争结束后，阿甘因负伤救战友作为英雄受到了约翰逊总统的接见。

回国之后

在一次反战集会上，阿甘又遇见了珍妮，而珍妮已经堕落，过着放荡的生活。阿甘一直爱着珍妮，但珍妮却不爱他。两人匆匆相遇又匆匆分手。后来，他又迷上了乒乓球，而且技术练得十分精湛。阿甘作为乒乓外交的使者，到中国参加过乒乓球比赛，并为中美建交立了功。

因为坚守与布巴的承诺，阿甘成了捕虾船船长发了大财，成了百万富翁。后来因为母亲生病而离开了捕虾船，他做了一名园丁。阿甘时常思念珍妮，而这时的珍妮早已误入歧途，陷于绝望之中。终于有一天，珍妮回来了，她和阿甘共同生活了一段日子，在一天夜晚，珍妮投入了阿甘的怀抱，之后又在黎明悄然离去。后来阿甘开始了他长达三年多的长跑生活。

再见珍妮

三年以后，阿甘收到珍妮的信并按照信上的地址去到了珍妮的住处，与珍妮在一起居住的还有一名与阿甘同名小男孩，珍妮告知那是他的儿子。这时的珍妮已经得了一种不治之症（实际上是艾滋病，不过由于反映的时代是20世纪70—80年代，所以那时还没人了解艾滋病），但阿甘仍然同珍妮结婚并带着儿子一起回到了家乡，度过了一段幸福的时光。

珍妮过世了，他们的儿子也到了上学的年龄。一天，阿甘送儿子上了校车，这时，从他给儿子的书中落下了那根羽毛，一阵风吹来，它又开始迎风飘舞。

含英咀华

很多时候我们就像阿甘一样找不到做一件事的理由，很多时候我们都远不及阿甘，那些不知为何而做的事情总是非常轻易地半途而废了。人的一生往往就是这样，就像片头和片尾中那片随风飘浮的白色羽毛，大多数时候，我们也许都在随波逐流，这种飘浮没有具体的方向，平淡到令人厌倦。可是，一个腾挪一个转身，总还是可以由自己控制的，你只需尽力将它做得完满，不要计较你究竟得到了多少，那么，你就可以越飞越高，你会发现，越往高处的地方，越接近天堂，所以我相信阿甘的成功并不是偶然。

经典心语

空中那片白色的羽毛，或迎风搏击，或随风飘荡，或翱翔太空，或坠入深渊，阿甘的人生正是如此，虽然他是一个弱智儿，但他却拥有一颗纯洁而善良的心，他永远记得的是妈妈的叮嘱：

人生就像一盒巧克力，你永远不可能事先知道你将会尝到的是什么味道。

你必须明白，你和你身边的人一样，你和他们没有什么不同，一点也没有！

阿甘看起来总是莽莽撞撞，傻里傻气，说起话来也是痴痴呆呆的，因而总是受到同学们的嘲笑和忽视。可是人生并没有放弃他，赐给了他一双天生的飞毛腿，并且在珍妮的鼓励下，他勇敢地开创出属于自己的一片天空。

他把自己仅有的智慧、信念、勇气集中在一起，他抛弃了所有的杂念，凭着直觉在路上不停地跑，他跑过了儿时同学们的歧视，跑过了大学的足球场，跑过了炮火纷飞的越战泥潭，跑过了乒乓球外交的战场，跑遍了全美国，最后跑到了人生中属于自己的辉煌。

阿甘是一个诚实守信、重情轻财的人，虽然好友、亲人、女友一个个离他而去，但他仍然带着小阿甘坚强地活着，在常人看来，阿甘真的很笨，但他的人生是那么的纯洁无瑕，他那颗金子般的心，折射出了人性最耀眼的光芒！

那片洁白的羽毛又从阿甘的手中飞走了，他要去寻找一片新的天地，也许还会遭到风雨的袭击，可能会再次掉入万丈深渊，但他总是坚信，不幸的背后一定是一片蔚蓝的天空，那片美丽的羽毛将永远在阿甘心里自由自在，无忧无虑地飞翔。

知识徜徉

影片档案

中文片名：阿甘正传

英文片名：Forrest Gump

上映日期：1994 年 7 月 23 日

导演：罗伯特·泽米吉斯

主演：汤姆·汉克斯，罗宾·莱特·潘

票房：677 387 716 美元

片长：142 分钟

1994 年电影界诞生了很多经典之作，《阳光灿烂的日子》《活着》《东邪西毒》《低俗小说》《这个杀手不太冷》《肖申克的救赎》《阿甘正传》《燃情岁月》《狮子王》《真实的谎言》《红蓝白》等，都是极经典的片子，时至今日还有很多人将这些影片翻来覆去地看。

一、奥斯卡辉煌

《阿甘正传》当年和那么多出彩的片子同场竞技，却仍然一路高歌猛进，不仅一年时间里票房高居榜首，而且奥斯卡颁奖典礼上力压《肖申克的救赎》和《低俗小说》，压倒性地夺得六项奥斯卡金奖，足以说明它在很多方面都具有明显的优势。当年同台竞技的《肖申克的救赎》和《低俗小说》因为阿甘的出现而失意各个大奖，不能不说可惜，怪只能怪这么多的经典好片汇聚在了一起，主角只有一个，配角的辉煌再耀眼也敌不过发挥出色的主角。

有人说肖申克监狱里的故事比阿甘的故事更为深刻，是的，我也承认，安迪引领着我们一同挖掘了人性的黑暗和现实的残酷，《低俗小说》用一种别开生面的手法让我们沉浸在一个简单的故事中。然而，电影不能仅仅是艺术的，不能仅仅是电影的，也不能仅仅是生活的。在我看来，《肖申克的救赎》过于艺术过于文学了，《低俗小说》过于电影过于技工了。虽然《阿甘正传》在深刻性和文学性上不及《肖申克的救赎》，在电影的技巧性构筑故事组织上不及《低俗小说》，但是它够生活，够综合，够意思，它不是电影人卖弄自己才华的工具。

看电影，有时候是一种单纯的娱乐，有时候是希望能从中获取一些生活的道理，我更偏向于后者。

《肖申克的救赎》和《阿甘正传》同是能给我们的生活做一些指引的片子。当年肖申克和阿甘在奥斯卡颁奖典礼上竞争各项大奖，但是最终铩羽而归，是因为题材的相似和阿甘的突出与顺应时势。

看完《肖申克的救赎》不会让你感到快乐，虽然影片最后给予我们的震撼是足够的，但是我们一方面为安迪的20年坚守一个极其渺茫的希望感动，另一方面却无法从现实的黑暗和残酷中脱离出来。甘的论调是欢快乐观的，我们看完会欢笑、会有所思，但是不至于像肖那样。看过一个评论，对这两个片子概括得很好：先后连续看甘和肖，感觉像是从天上掉到了地下。所以，更多的人愿意看阿甘而不是安迪。

阿甘的天堂一样的感觉和肖的近乎地狱的感觉，阿甘的高踞票房和肖的不温不火，阿甘的艺术商业完美结合和肖的艺术文艺气息独占一面，让奥斯卡选择了《阿甘正传》，这无可厚非，奥斯卡本来就不是威尼斯金狮柏林金熊，它那尊小金人造型足够精致优美吸引眼球，却难以扣住气质和艺术这两个词，所以阿甘不是艺术的却是精致的经典的，肖不是吸引眼球的却足够艺术和气质足够震撼人心的。一个小金人不完全代表什么，其实任何一个奖项都不代表什么，只有民众的口碑代表了一切，有人认同就已经很重要。

二、垮掉的一代

《阿甘正传》是幽默诙谐的，有时候会让你忍俊不禁，《阿甘正传》也是严肃的，这种严肃贯穿整部片子，放在“二战”之后的二三十年的背景里，哪怕一部肥皂剧也要带点政治色彩，《阿甘正传》也不例外，这种对当时政治环境的描述，不管是正面的还是侧面的，都是严肃的表现，这也是它要重点表达的，虽然表达的方式没有一本正经，而是稍微显得有些滑稽荒唐，虽然没有很全面仔细的概述，而是点到便过，但是却足以让我们在这几瞥之中看到当时的政治环境，也可以很好地理解影片中各种人物的行为方式了。

几个政治事件用一个个片断演绎出来，然后像幻灯片似的放映，短暂而关键。总统被刺，总统辞职，禁止黑人入学，越南战争，反战游行……一个个片断让我们不断回忆美国战后几十年的历史，飞速发展，混乱动荡，垮掉的一代是我脑海中浮现的印象，正是垮掉的一代和我们没有垮掉的一代构成了《阿甘正传》的角色。

战后美国人民精神生活极度混乱，受困于战后的心灵创伤，加之当时杜鲁门主义和麦卡锡主义的盛行，打压国内进步力量，反共潮，国际上冷战，恐怖主义开始出现，人们终日惶惶不安，有些人消沉颓废粉饰太平，有些人看不惯世道的虚伪荒唐奋起反抗和政府对着干，一切极端的生活方式都涌现出来，酗酒群居吸毒滥交等成为一种现象，这些人也失去了生活的目标和理想，上进心全无，史学家将这些战后出生的一代称为20世纪50年代垮掉的一代，也有叫迷茫的一代的。塞林格的《麦田里的守望者》描述的就是这群人的生活状态，那个戴着鸭舌帽整天穿着黑色风衣混迹在各地的小青年霍尔敦就是垮掉的一代的代表，但是霍尔敦比之另一些垮掉的一代已经算是上进有理想了，起码他还有个梦想，他还想着要做麦田里的守望者，保护注视着天真可爱的小孩子们，起码他还不至于吸毒群居滥交，起码他还有一些羞愧之心，而另一些人，没有，没有理想，连什么是道德也不清楚了。《阿甘正传》里没有正面描述这群人，但是很多片断都隐喻着对这种人群的描写和讽刺。

三、巧克力生活

Life was like a box of chocolates. You never know what you gonna get！（人生就像一盒巧克力，你永远不知道下一颗是什么味道!）

这句话已经被太多的评论提及。

关于生活，关于爱情，关于选择，可以说的太多了!

生活是需要智慧的，但是只有最好的智慧才能生活好，少一点也不行，少一点你会患得患失，看不清大局，看不清生活的真正内涵，少一点你可能还能看见一些细枝末节，生活的蛛丝马迹，但是却看不到最关键的部位。生活又是不需要智慧的，没有智慧的人能活得快乐，能不顾失去的痛苦，能忘却一切曾经或者即将困扰着有智慧的人的事，没有智慧的人脑袋里只有一条道，只要你愿意，真的可以一条道走到底。智者千虑，必有一失，愚者不曾有千虑，仍可一得。

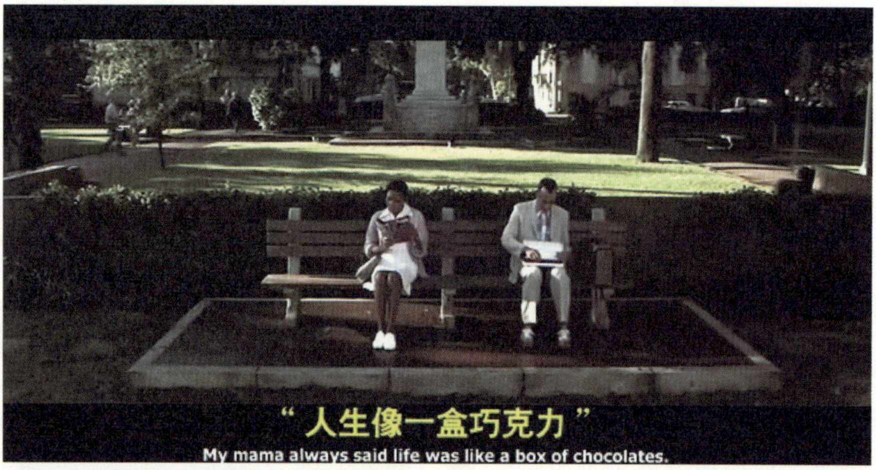

“人生像一盒巧克力”
My mama always said life was like a box of chocolates.

小波说过，“智慧本身就是好的，有一天我们都会死去，追求智慧的道路还会有人在走着，死掉以后的事情我看不到，但在我活着的时候，想到这件事，就很高兴。”但是追求智慧的过程中，我们看不到尽头，什么是智慧的尽头呢？古希腊的先哲们穷尽一生也没有追寻到的答案，必定会困扰着无数追求者的内心。

在阿甘的眼里，如果不是妈妈告诉他不要让别人说出我比你聪明比你强大，他或许不会知道有聪明这个词，他或许甚至不会在向珍妮求婚的时候黯然神伤地说出自己不够聪明的话，也不会在听到自己有了儿子后，一脸的无奈恐惧战战兢兢地问道他足够聪明吗的语句，当然他只是知道了自己没有足够的智慧，对于这个神圣的字眼，他是不了解的，他拿什么来了解呢？他也不用去了解，不知道所以不感兴趣，不感兴趣所以不会追求，所以当有智慧的人在拼命追求更高的智慧的时候，他在走自己脑中的唯一一条道，上帝给什么我就吃什么，即使是苦的也心甘情愿，而有智慧的人们却在为显示自己的智慧不断地在上帝给的巧克力中挑来挑去，无论挑到什么，总是感觉不到已经在手的巧克力有多好。

因为不够智慧，阿甘是没有恐惧的，当妈妈患病在床临死说着“Death is just a part of life. Something we are all destined to do”的字句，甘只是傻傻地、默默地听着，死亡，在他看来，是那样正常，不仅仅是因为这是妈妈嘴里说出来的，也是生活的种种告诉他的，那个要和他合伙做虾船的 captain buford 就死在他身旁，他有为布巴伤心，可是他的伤心不是因为死亡，却是因为没有实现自己的愿望，因为不情愿来到战场却死于意外。如果布巴临死的时候不说我要回家而是说着，看，我要死了。或许甘也会理所当然地接受吧。所以甘是接受者，接受上天的一切。所以，恐惧根本不是恐惧，什么都是一样的。对他来说，给予什么，自己都是一个选择，run，run，run……

四、亲情、爱情和友情

对于很多观众而言，《阿甘正传》也是一曲对亲情、爱情和友情的质朴颂歌。阿甘的母亲无疑是对他一生有着重要影响的人，她与阿甘之间的亲情使人动容。母亲的许多话影响了阿甘的一生，是母亲告诉曾经自卑的阿甘“Remember what I told you，Forrest. You're no different than anybody else is”，也是母亲在临死时告诉阿甘“Death is just a part of life. Something we are all destined to do. I didn't know it，but I was destined to be your momma. I did the best I could”。

影片里阿甘对珍妮那唯美的爱情让人感叹。当阿甘坐上校车没人给他让座位时，是珍妮善良地叫他坐在自己旁边，当阿甘被别人欺负时，是珍妮的一句“run”让他摆脱了那条笨重的机器腿，从此有了新的人生。阿甘的一生都在爱着珍妮，无论珍妮堕落了也好，死去了也罢，他对珍妮的爱一直那样纯洁而深沉，也许正像阿甘所说，“I'm not a smart man，but I know what love is”（我知道我不够聪明，但是我知道爱在什么地方）。

阿甘对友情的忠诚也让人感动，他和布巴的友谊如同他对珍妮的爱情一样纯粹。在丹中尉带领的小队遭偷袭大家各自逃命时，阿甘却在救出丹中尉后不顾枪林弹雨，义无反顾地重返丛林，因为他的黑人朋友布巴还在里面。当布巴最终无助地死在阿甘的怀里，阿甘和布巴的友谊并没有因此而终结。阿甘没有忘记自己曾和布巴做出的承诺，退伍之后，他履行承诺，去布巴家那边干起虾商来，能否赚钱在阿甘看来毫无意义，用实际行动来安慰朋友的在天之灵却是最重要的。

"忠于友谊，忠于爱情，忠于承诺"，这浅显的十二字，是阿甘传奇人生的写照，也使他最终经历了刻骨铭心的人间真情，收获了无比精彩绚烂的人生。

五、中国企业家大佬都爱"阿甘"？

商界大佬们行事风格各异，爱好千差万别，但很多大佬却都对《阿甘正传》中的阿甘情有独钟。这是为什么呢？

（一）俞敏洪

4 月 20 日，俞敏洪在中国绿公司年会演讲时称：我特别喜欢《阿甘正传》里的阿甘，我这个人不算太聪明，其实马云也不算太聪明，否则我们两个人不会高考考三年。《阿甘正传》里有一句话我特别喜欢："I'm not a smart man，but I know what love is."（我知道我不够聪明，但是我知道爱在什么地方）。所以在座的每个人，只要对自己的生命投入真正的热爱，对你周围的员工和管理者以及朋友投入真正的热爱，对企业，对你的事业投入真正的爱，对你的客户，你的衣食父母投入真正的爱，没有任何商业模式是变不过来的，因为商业模式是外在的，而爱在你的内心。

（二）马云

2014 年，阿里集团在美上市，马云在接受 CNBC 采访时说，他心中的英雄是阿甘，《阿甘正传》看过不止 10 遍，来纽约之前他又再次看了。"我想我是阿甘，每当受到挫败感的时候，我都会看这部电影。因为它告诉我，不管发生什么，你都是你"，还是 15 年前那个每月挣 20 美元的人。

2015 年 1 月，出席达沃斯的“对话马云”环节时，讲到自己早年处处碰壁的经历后，他再次提及阿甘。他说，2002 年，当他正为如何走电子商务这条路发愁时，看到了《阿甘正传》，Life was like a box of chocolates. You never know what you gonna get！（人生就像一盒巧克力，你永远不知道下一颗是什么味道!）“我很喜欢这句台词，要相信你正在做的事，不管人们是否喜欢。”

第二节 绘画——妙笔绘丹青

经典绘画

清明上河图

《清明上河图》，中国十大传世名画之一。为北宋风俗画，北宋画家张择端仅见的存世精品，属国宝级文物，现藏于北京故宫博物院。

《清明上河图》宽 24.8 厘米，长 528.7 厘米，绢本设色。作品以长卷形式，采用散点透视构图法，生动记录了中国 12 世纪北宋汴京的城市面貌和当时汉族社会各阶层人民的生活状况。它描绘了当时清明时节的繁荣景象，是汴京当年繁荣的见证，也是北宋城市经济情况的写照。

这在中国乃至世界绘画史上都是独一无二的。在 5 米多长的画卷里，共绘了 814 个各色人物，牛、骡、驴等牲畜 73 匹，车、轿 20 多辆，大小船只 29 艘。房屋、桥梁、城楼等各有特色，体现了宋代建筑的特征，具有很高的历史价值和艺术价值。

含英咀华

作者以长卷形式，采用散点透视的构图法，将繁杂的景物纳入统一而富于变化的图画中。图中所绘城廓市桥屋庐之远近高下，草树牛驴驼之大小出没，以及居者行者，舟车之往还先后，皆曲尽其仪态而莫可数记，全副场面浩大，内容极为丰富，整幅画作气势宏大、构图严谨、笔法细致，充分表现了画家对社会生活的深刻洞察力和高超的艺术表现能力。

《清明上河图》不仅仅是一件伟大的现实主义绘画艺术珍品，同时也为我们提供了北宋大都市的商业、手工业、民俗、建筑、交通工具等翔实形象的第一手资料，具有重要历史文献价值。其丰富的思想内涵、独特的审美视角、现实主义的表现手法，都使其在中国乃至世界绘画史上被奉为经典之作。

白寿彝任顾问的《中国通史（彩图本）》对《清明上河图》的评价：全卷所绘人物五百余位，牲畜五十多只，各种车船二十余辆艘，房屋众多，道具无数，场面巨大，段落分明，结构严密，有条不紊。技法娴熟，用笔细致，线条遒劲，凝重老练。反映了高度精纯的绘画功力和出色的艺术成就。同时，因为画中所绘为当时社会实录，为后世了解研究宋朝城市社会生活提供了重要的历史资料。

《简明不列颠百科全书》在“张择端”条内对《清明上河图》的评价：是一幅具有重要历史价值的风俗长卷，画家成功地描绘出汴京城内及近郊在清明时节社会上各阶层的生活景象。主要表现的是劳动者和小市民。对人物、建筑物、交通工具、树木、水流之间的相互关系的处理，非常巧妙，整体感很强，具有极大的考史价值。此后历代绘制的都市风俗画，无不受其影响。

温馨提示

张择端（1085—1145）字正道，又字文友，东武（今山东诸城）人。早年游学汴京（今开封），后习绘画，徽宗时在翰林图画院任职。善画风俗画，尤擅绘舟车、市肆、桥梁、街道、城郭等。其作品大都失传，存世《清明上河图》《金明池争标图》，为我国古代的艺术珍品。

知识徜徉

中国十大传世名画

一、《洛神赋图》（东晋·顾恺之）

《洛神赋图》，北京故宫博物院馆藏珍品。绢本设色，纵 27.1 厘米，横 572.8 厘米。原《洛神赋图》卷，东晋著名画家顾恺之绘制（宋摹）。

这幅画根据曹植著名的《洛神赋》而作，为顾恺之传世精品。这卷宋摹本在一定程度上保留了顾恺之艺术的若干特点，千载之下，亦可遥窥其笔墨神情。全卷分为三个部分，曲折细致而又层次分明地描绘着曹植与洛神真挚纯洁的爱情故事。人物安排疏密得宜，在不同的时空中自然地交替、重叠、交换，而在山川景物描绘上，无不展现一种空间美。

二、《步辇图》（唐·阎立本）

《步辇图》，北京故宫博物院馆藏珍品。绢本设色，纵 38.5 厘米，横 129.6 厘米，为唐代著名画家阎立本所绘，线条流利纯熟，富有表现力，是一件具有重要历史价值和艺术价值的作品。

《步辇图》是以贞观十五年（641 年）吐蕃首领松赞干布与文成公主联姻的历史事件为题材，描绘唐太宗接见来迎娶文成公主的吐蕃使臣禄东赞的情景。

三、《唐宫仕女图》（唐·张萱、周昉）

唐代作为封建社会最为辉煌的时代，也是仕女画的繁荣兴盛阶段。中国古代仕女众

生像，“倾国倾城貌，多愁多病身”，唐代仕女画以其端庄华丽，雍容典雅著称，《唐宫仕女图》展示着“回眸一笑百媚生”的唐代美女众生像。其中最杰出的代表莫过于张萱的《虢国夫人游春图》《捣练图》和周昉的《簪花仕女图》《挥扇仕女图》以及晚唐的《宫乐图》。它们所表现的贵族妇女生活情调，成为唐代仕女画的主要艺术特征。

张萱、周昉是唐代最具盛名的仕女画大家，驰誉丹青。张萱在盛唐时画贵族人物最负时誉，不仅能够表现上层社会妇女的姿容情态，而且善于巧妙地刻画出“金井梧桐叶落黄”这种宫女被冷落的凄凉情调。周昉出身显贵，多画宫廷妇女，其风格为优游闲逸，容貌丰肥，衣榴劲简，色彩柔丽，独树一帜。

四、《五牛图》（唐·韩滉）

《五牛图》，北京故宫博物院馆藏珍品。麻纸本，纵 28.8 厘米，横 139.8 厘米，无款印。作者是唐代著名的宰相韩滉。韩滉（723—787）字太冲，长安（今陕西西安）人，少师休之子。那时，韩干以画马著称，韩滉以画牛著称，后人称为“牛马二韩”。这幅《五牛图》，是韩滉最为传神的一幅。5 头健硕的老黄牛，在这位当朝宰相笔下被“人格化”了，传达出注重实际、任劳任怨的精神信息。它问世后，收藏者包括赵构、赵伯昂、赵孟頫、乾隆等著名人物。在明代，它几易其主。清兵入关后一度下落不明，直到乾隆年间，才从民间收集到宫中珍藏。1900 年，八国联军洗劫紫禁城，《五牛图》被劫出国外，从此杳无音信。20 世纪 50 年代，它被一位寓居香港的爱国人士发现。

五、《韩熙载夜宴图》（五代·顾闳中）

《韩熙载夜宴图》，北京故宫博物院馆藏珍品。绢本，纵 27.9 厘米，横 69 厘米。

《韩熙载夜宴图》是五代大画家顾闳中所作，以连环长卷的方式描摹了南唐巨宦韩熙

载家开宴行乐的场景。用笔细润圆劲，设色浓丽，人物形象清俊、娟秀，栩栩如生而名闻中外，是今存五代时期人物画中最杰出的代表作。

此画卷据传系宫廷画家顾闳中奉后主李煜之命而画，此画卷中的主要人物韩熙载是五代时北海人，字叔言，后唐同光年进士，文章书画，名震一时。其父亲因事被诛，韩熙载逃奔江南，投顺南唐。初深受南唐中主李璟的宠信，后主李煜继位后，当时北方的后周威胁着南唐的安全，李煜一方面向北周屈辱求和，一方面又对北方来的官员百般猜疑、陷害，整个南唐统治集团内斗争激化，朝不保夕。在这种环境之中，官居高职的韩熙载为了保护自己，故意装扮成生活上腐败，醉生梦死的糊涂人，好让李后主不要怀疑他是有政治野心的人以求自保。但李煜仍对他不放心，就派画院的“待诏”顾闳中和周文矩到他家里去，暗地窥探韩熙载的活动，命令他们把所看到的一切如实地画下来交给他看。大智若愚的韩熙载当然明白他们的来意，韩熙载故意将一种不问时事、沉湎歌舞、醉生梦死的形态来了一场酣畅淋漓的表演。顾闳中凭借着他那敏捷的洞察力和惊人的记忆力，把韩熙载在家中的夜宴过程默记在心，回去后即刻挥笔作画，李煜看了此画后，暂时放过了韩熙载等人，一幅传世精品却因此而流传下来。

六、《千里江山图》（北宋・王希孟）

《千里江山图》，北京故宫博物院馆藏珍品。绢本设色，纵 51.5 厘米，横 1 191.5 厘米，为中国北宋青绿山水画作品。作者王希孟。王希孟 18 岁为北宋画院学生，后召入禁

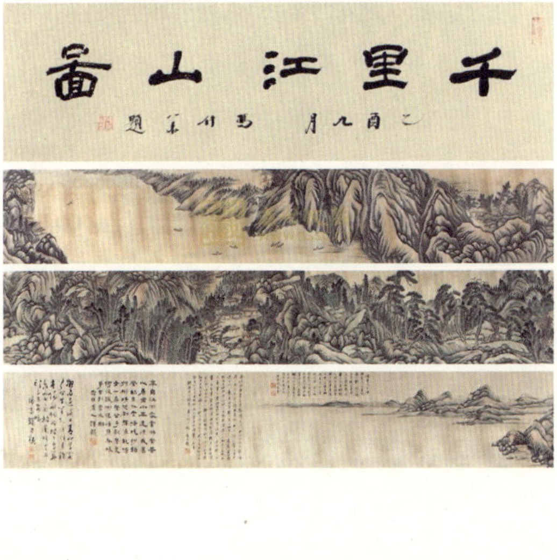

中文书库，曾得到宋徽宗赵佶的亲自传授，半年后即创作了《千里江山图》。惜年寿不永，20 余岁即去世，是一位天才而又不幸早亡的优秀青年画家。

《千里江山图》画卷表现了绵亘山势，幽岩深谷，高峰平坡，流溪飞泉，水村野市，渔船游艇，桥梁水车，茅棚楼阁，以及捕鱼、游赏、行旅、呼渡等人物的活动。全面继承了隋唐以来青绿山水的表现手法，突

出石青石绿的厚重、苍翠效果，使画面爽朗富丽。水、天、树、石间，用掺粉加赭的色泽渲染。用勾勒画轮廓，也间以没骨法画树干，用皴点画山坡，丰富了青绿山水的表现力。人物活动栩栩如生，充满了作者对美好生活境界的向往。

七、《清明上河图》（北宋·张择端）

《清明上河图》，北京故宫博物院馆藏珍品。绢本设色，纵 24.8 厘米，横 528.7 厘米，是北宋画家张择端存世的仅见的一幅精品。

《清明上河图》画卷，北宋风俗画作品。传世名作、一级国宝。《清明上河图》是中国绘画史上最著名的作品之一，不但艺术水平高超，而且围绕着它还流传下来许多有趣的故事。这幅画描绘的是汴京清明时节的繁荣景象，是汴京当年繁荣的见证，也是北宋城市经济情况的写照。通过这幅画，我们了解了北宋的城市面貌和当时各阶层人民的生活。《清明上河图》具有极高的史料价值。

八、《富春山居图》（元·黄公望）

《富春山居图》，纵 33 厘米，横 636.9 厘米，纸本，水墨。始画于至正七年（1347 年），于至正十年（1350 年）完成。该画于清代顺治年间曾遭火焚，断为两段，前半卷被另行装裱，重新定名为《剩山图》，现藏浙江省博物馆，被誉为浙江省博物馆“镇馆之宝”。

《富春山居图》是元代画坛宗师、“元四家”之首黄公望晚年的杰作，也是中国古代水墨山水画的巅峰之笔，在中国传统山水画中所取得的艺术成就，可谓空前绝后，历代莫及。

元至正七年，黄公望开始创作这卷山水画名作，历时多年方始告竣。它以长卷的形式，描绘了富春江两岸初秋的秀丽景色，峰峦叠翠，松石挺秀，云山烟树，沙汀村舍，布局疏密有致，变幻无穷，以清润的笔墨、简远的意境，把浩渺连绵的江南山水表现得淋漓尽致，达到了“山川浑厚，草木华滋”的境界。

九、《汉宫春晓图》（明·仇英）

《汉宫春晓图》，中国重彩仕女第一长卷。绢本重彩，尺幅很大，纵 37.2 厘米，横 2 038.5 厘米，作为装饰性绘画来说属于巨制。汉宫春晓是中国人物画的传统题材，主要描绘宫中嫔妃生活。

仇英，字实父，号十洲，太仓（今江苏太仓）人，移家吴县（今江苏苏州）。约生于明弘治十一年（1498 年），卒于明世宗嘉靖三十年（1552 年）。存世画迹有《玉洞仙源图》《桃村草堂图》《剑阁图》《松溪论画图》等。

十、《百骏图》（清·郎世宁）

《百骏图》，该稿本为纸质，纵 102 厘米，横 813 厘米。目前保留在台北故宫博物院。意大利人郎世宁 1715 年以传教士的身份远涉重洋来到中国，就被重视西洋技艺的康熙皇帝召入宫中，从此开始了长达五十多年的宫廷画家生涯。在绘画创作中，郎世宁融中西技法于一体，形成精细逼真的效果，创造出了新的画风，因而深受康熙、雍正、乾隆器重。《百骏图》是他的代表作之一。

清代是中国宫廷绘画的顶峰，来自意大利的传奇画家郎世宁，则是清代宫廷绘画领袖，正是在他中西合璧绘画技法的影响下，才形成了别具一格的清代宫廷画风。郎氏善画马，《百骏图》是其平生百余幅马作品中的杰作。此图描绘了姿态各异的骏马百匹放牧游息的场面。全卷色彩浓丽，构图复杂，风格独特，别具意趣。

经典绘画

星月夜

中文名称：星月夜（满天星斗的夜晚）

英文名称：Starry Night
创作者：文森特·威廉·梵高
创作地点：圣雷米（Saint-Remy）
创作时间：1889 年 6 月
类型：油画
现存地点：纽约现代艺术馆

含英咀华

在这幅画中，梵高用短线笔触组成激荡旋转的宇宙，十一颗大小不等的星辰聚集在月亮周围旋转着、翻滚着。近处的柏树像撕裂燃烧的一座哥特式教堂，远处的星辰和月亮暗示着耶稣和使徒的关系。所有的恒星和行星在宇宙中旋转着、爆发着。

梵高运用火焰般的笔触把它传达出来，这是常人所很难理解和表现的。他所看到的夜空，就是一个奇特的月亮、星星和幻想的彗星景象。他所给人的感觉，就是陷入一片黄色和蓝色相互旋转的天空，仿佛瞬间变成一束扩散、游荡的光线。使得面对自然奥秘的人们，顿时生起一股绝望的恐怖。

全画的色调呈紫绿色，画家用充满运动感的、连续不断的、波浪流动般的笔触表现星云和树木，星云和树木似一团正在炽热燃烧的火球，正在奋发向上，具有极强的表现力，给人留下深刻的印象。这幅画，展现了一个高度夸张变形与充满激情的星空景象，那巨大的、卷曲旋转的星云，那一团团夸大了的星光以及那一轮难以置信的橙黄色的明月，大约是画家在幻觉和眩晕中所见，暗示着某种神性。让人联想到梵高乐于提起的一句雨果的话：“上帝是月食中的灯塔”。而那巨大的，形容火焰的柏树，以及那夜空中像巨龙飞过一样的星云，也许象征着人类的挣扎与奋斗的精神。

温馨提示

文森特·威廉·梵高（Vincent Willem van Gogh，1853—1890），荷兰后印象派画家。他是表现主义的先驱，并深深影响了 20 世纪的绘画艺术，尤其是野兽派与德国表现主义。梵高的作品，如《星夜》《向日葵》与《有乌鸦的麦田》等，现已跻身于全球最著名、广为人知与昂贵的艺术作品的行列。1890 年 7 月 29 日，梵高终因精神疾病的困扰，在美丽的法国瓦兹河畔结束了其年轻的生命，是年他才 37 岁。

这幅画中呈现两种线条风格，一是歪曲的长线，一是破碎的短线。二者交互运用，使画面呈现一种炫目的奇幻景象。在构图上，骚动的天空与平静的村落形成对比。火焰则与横向的山脉、天空达成视觉上的平衡。

知识徜徉

世界绘画十大经典美女

1.《蒙娜丽莎》

作者达·芬奇。《蒙娜丽莎》是一幅享有盛誉的肖像画杰作。它代表达·芬奇的最高艺术成就，成功地塑造了资本主义上升时期一位城市有产阶级的妇女形象。画中人物坐姿优雅，笑容微妙，背景山水幽深茫茫，淋漓尽致地发挥了画家那奇特的烟雾状“无界渐变着色法”般的笔法。画家力图使人物的丰富内心感情和美丽的外形达到巧妙的结合，对于人像面容中眼角唇边等表露感情的关键部位，也特别着重掌握精确与含蓄的辩证关系，达到神韵之境，从而使蒙娜丽莎的微笑具有一种神秘莫测的千古奇韵，那如梦似的妩媚微笑，被不少美术史家称为“神秘的微笑”。直至今日，她的神秘微笑，仍为无数历史学家和绘画专家所倾倒好奇。达·芬奇用自己创立的薄雾法描绘的风景，把人们带到了无限完美的世界，它是卢浮宫的镇宫之宝。

2.《帕杜侯爵夫人像》

作者拉图尔。这位侯爵夫人本是路易十五的情妇，那一时代艺术家们的保护者。侯爵夫人在画像里以文学艺术守护人的姿态出现，环绕在她周围的是象征着文学、音乐、天文学及雕刻艺术的各种物品。画作中的乐谱令人联想起音乐：一份乐谱被精通音乐的侯爵夫人展开于手中；另一份乐谱则出现在背景里的扶手椅上，被放置在巴洛克风格的六弦琴旁边。侯爵夫人脚边散落着从画夹中滑落的画页，也让人想起绘画艺术及雕刻艺术。

3.《大宫女》

作者安格尔。这幅作品描绘了具有东方风韵的后宫妃妾，笔法感性富有光泽，人物体态光滑柔美，神情充满神秘。安格尔的艺术“清高绝俗，庄严肃穆”，这一切可以通过他的重要作品《大宫女》体现出来。画中，安格尔放弃了很多不必要的细节，使之统一在一片安详静谧的和谐气氛之中，就像是精心计算过一样，每一个“数字”所代表的都是和整体息息相关的极其“危险”的事件，随意改动其中的任何一处，都会使整个画面彻底坍塌。这也似乎验证了古希腊哲学家毕达哥拉斯“数与和谐”的理论，毕氏仰望夜空，都能感觉到星辰的组合像是用数字组成的音乐，他曾说他有很多次真的听到了“诸天音乐”。在这幅画上，比例、色彩像数字一样按一种奇妙的秩序排列着，华丽而不失平和。

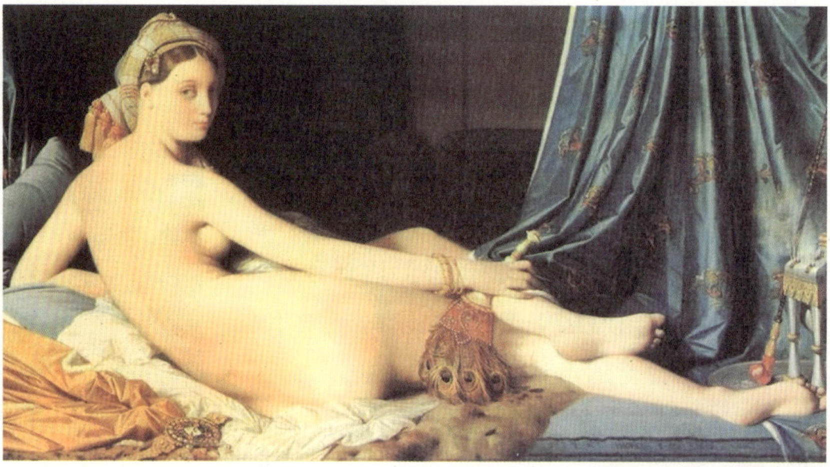

4.《维吉·勒·布兰夫人和她的女儿》

作者维吉·勒·布兰。这幅作品之所以传世，是因为它表现出了人间崇高的母爱，作品手法简洁，人物神态自然流露，实为一代精品。

5.《自由引导人民》

《自由引导人民》是法国浪漫主义画家欧仁·德拉克罗瓦为纪念1830年法国七月革命的作品。此画最早在1831年的巴黎沙龙展上展出，而后被巴黎卢浮宫收藏。画中的自由女神戴着象征自由的弗里吉亚帽，胸部裸露，右手挥舞象征法国大革命的红白蓝三色旗，左手拿着带刺刀的火枪，号召身后的人民起来革命。德拉克罗瓦把政治的意义融入在绘画中，将自由与人性化为一体，引导着法兰西人民勇往直前。画中女性的美丽与不屈不失为一个时代的象征。

6.《花园中的年轻女郎》

作者玛丽·卡萨。这幅作品传神地表现了一位年轻女子的纯真姿态。画面上少女的认真、专注神情，与迷人的体态，都融在了山花遍野的大自然中。

7.《泉》

作者安格尔。此品美在灵透自然，纯真无邪，西方少女的纯美于此一览无余。她给人以无限的遐想，不尽的怀思。安格尔在这幅画上展示了可以得到人类普遍赞美的美的恬静、抒情和纯洁性。安格尔笔下的这个少女纯洁，典雅，恬静，健康，美丽，充满生命的活力和青春的朝气。画面左下角那朵含苞未放的雏菊是她的象征。头顶上的绿叶，脚下明净如鉴的潭泉，幽静的山都增加了这幅画的意境。从这幅画里，人们感到的是一个宁谧、幽静的抒情诗般的境界，心灵得到慰藉，感情得到升华。

《泉》使人联想到山泉，联想到生命的源泉，联想到少女的纯洁……

《泉》把古典美和女性人体的美巧妙地结合在一起，出色地表现了少女的天真的青春活力。有一位评论家参观了《泉》后说："这位少女是画家晚年艺术的产儿，她的美姿已超出了所有女性，她集中了她们各自的美于一身，形象更富生气也更理想化了。"

8.《里姆斯基·科萨科夫夫人》

作者温特哈尔特。温特哈尔特的作品展示了严谨的德国风格，绘画表现手法接近现代人的审美标准，画中贵族姿态优雅，衣着极其华丽，在肖像画中出类拔萃。通过他的绘画，人们可以更进一步了解欧洲 19 世纪皇室贵族的肖像面貌和奢华生活。在西方历代画家们的笔下，表现贵妇人与美少女似乎是亘古不变的主题，这幅作品把贵妇人的高贵纯洁、典雅气质融为一体。里姆斯基·科萨科夫是俄国最伟大的音乐家之一，他的音乐堪称俄国乐派的典范，其夫人古典与浪漫的诗意情怀，更能代表俄罗斯的精神。

9.《康达维斯小姐的画像》

作者雷诺阿。青春美丽的少女，一直是雷诺阿所赞美推崇的对象。在他的笔下，所有的女人都被描绘成伊甸园中不食人间烟火的仙女，她们总是有着桃红晶莹的肌肤、丰满光滑的胴体，予人健康活泼的印象。《康达维斯小姐的画像》也不例外，画中的康达维斯小姐按照绘画的姿态安静地侧身坐着，脸色有些苍白，眼神乖巧，显得惶恐而有点害羞。她的一头金棕色卷发垂到胸前和腰际，美丽的头发上扎着蓝色蝴蝶结，与之呼应的是一身淡蓝色洋装，显得沉静优雅。画面背景的阴暗恰好衬托出明快响亮的暖色调所描绘出的少女，作者以特殊的传统手法，含情脉脉地描摹出少女那柔润而又富有弹性的皮肤和天真无邪的形象。整幅画面色彩明艳，画法潇洒。人物造型避免了清晰轮廓和粗线条，而以自然写实的笔调烘托出画面那份梦幻，有着午后阳光下的慵懒，光影斑驳又温馨的感觉，这位金发披肩的小女孩显得格外青春恬静，如梦似幻。

10.《蒂》

作者格哈德。这是一幅油画作品，非摄影作品。画家以照相般精确的手法描绘女儿贝蒂，画面上贝蒂转过身去，红、白、粉的服装衬托出脑后的发髻，背影美妙传神，且给人以淡淡的忧伤。

第二节 古董——历史沉淀之美

经典文物

元代花瓷

元代社会杂剧繁荣昌盛，北方蒙古人对南方汉人历史故事非常着迷，戏剧中人物故事情节的跌宕起伏，深深打动蒙古人爱憎分明的朴实情怀。将故事凝固在厚重结实的瓷罐上，放进蒙古包里，在存放食品杂物的同时，还可时时欣赏那回味无穷的戏剧故事。即使不小心用足踢到也不会轻易碰碎。那些厚重而扁的元青花罐，成为蒙古皇室贵族的生活实用器。其绘画，一般采用剪纸或板刻模印取其部分拼图，在瓷胎上填色而成，透露着浓郁的年画风味。因为缺乏原创，除造型不同，精美程度大同小异。元代是南北文化大融合的激烈时期。看不到未来的迷茫，不知困惑了多少识古通今的知识分子。但文化大融合总会产生最终的结果，这种结果被当时德高望重的赵孟頫清醒地认识到。他通天象，精书画，又游走于朝野之间。将这种结果用自己的理解方式表达出来告慰天下，也说明了文化趋同的历史规律。由于当时过于张扬的艳蓝色，在许多汉人观念上难以接受，此罐在呈色上采用灰蓝色调。用抽象的原创绘画，用骆驼与凤鸟代表两种文化的碰撞与结局。再配以天象轮回卦图，造型精致的凤鸟体内射出道道美丽的蓝色光束，细长的爪子向前伸出，喻其影响深远。独特的艺术构思，深刻的文化内涵令人无限遐想。

含英咀华

麒麟纹是元青花装饰中富有时代特征的题材之一，麒麟为传说中的祥瑞之兽，在元青花纹饰中其形象特征是鹿头、牛蹄、马尾，并常与花草、瓜果纹组合成画，也有与龙凤纹同时绘于一器的。

人物故事纹是元青花装饰中最为后人称道的装饰题材，与其他动植物纹样相比，绘有人物故事图案的元青花器物虽然较为少见，但几乎件件可称得上是稀世珍品。从已知资料来看，元青花上的人物故事图案主要见有“萧何月下追韩信”“刘备三顾茅庐”“蒙恬将军”“文姬归汉”“周亚夫细柳营”“昭君出塞”“尉迟恭救主”“四爱图”等，此外还有一些难以分辨人物情节的图案。这些图案的故事内容多取材于民间喜闻乐见的著名历史人物故事，显然它与宋元时期话本小说的流行及元代戏剧的发达有着密切的联系，反映了文学艺术对元代陶瓷装饰工艺的深刻影响。

元青花装饰除主题纹饰特点鲜明之外，许多辅助纹样也有着独特的时代风格，其中尤以变形莲瓣纹和云肩纹表现最为突出。变形莲瓣纹是最能代表元瓷特征的辅助纹样之一，除元青花瓷之外，亦见于同时期景德镇窑的卵白釉、青白釉产品以及元代龙泉窑青瓷装饰之中，其画法一般以外粗里细的两道线勾勒莲瓣的轮廓线，每片莲瓣之间不相连，即留有一定的空隙，莲瓣内加绘有花朵、云朵、火焰或琛宝纹。琛宝也称杂宝，元代杂宝纹常以火珠、犀角、古钱、银锭、葫芦、莲花、灵芝等组成，但组合并不固定。这种变形莲瓣纹多装饰在器物的口边、肩或足胫部，有绘一周的，也有在不同部位多绘至四周的，但都不作主题纹饰。云肩纹又称如意云头或灵芝头，俗称大云肩，多绘画在器物的颈肩部，纹内一般绘有各种繁密的动植物纹样，因其借鉴于元蒙贵族服装上的肩部织绣纹样而来，故而得名。

温馨提示

青花瓷又称白地青花瓷器，英文名为 blue and white porcelain，它是用含氧化钴的钴矿为原料，在陶瓷坯体上描绘纹饰，再罩上一层透明釉，经高温还原焰一次烧成。钴料烧成后呈蓝色，具有着色力强、发色鲜艳、烧成率高、呈色稳定的特点。目前发现最早的青花瓷标本是唐代的；成熟的青花瓷器出现在元代；明代青花成为瓷器的主流；清康熙时发展到了顶峰。明清时期，还创烧了青花五彩、孔雀绿釉青花、豆青釉青花、青花红彩、黄地青花、哥釉青花等品种。青花瓷色调明快典雅，釉面光洁莹润，弥久犹新。在青花瓷的绘制过程中，将中国画的笔墨效果与艺术魅力淋漓尽致地表现出来，是中国青花瓷艺术的一大特色。清代龚轼《景德镇陶歌》中有赞誉青花瓷的诗句："白釉青花一火成，花从釉里透分明。可参造化先天妙，无极由来太极生。"

我国青花瓷的发展，大体可以说是开始于宋，成熟于元，极盛于明、清。作为我国制瓷工艺的基本产品之一，青花瓷成为明代景德镇瓷器生产的主流。明代青花瓷无论在质量上还是装饰花纹上都有很大提高。由于明青花料来源不同，青花呈色也不尽相同。宣德年间（1426—1435）引进苏麻离青（即波斯料），清花色泽浓烟，泛出黑斑；正德、嘉靖年间（1506—1521，1522—1566）青花呈色蓝中泛紫。明青花瓷以宣德、嘉靖、万历三朝烧造最多，尤以宣德一朝达于极盛，不仅成为国内需要的大宗商品，在对外经济文化交流中也占据了重要的地位。

青花瓷，静谧、细腻、隽永。青花瓷清丽、隽逸，千百年来不断地向世人展现了它迷人的风采与一次又一次的神奇。它远离喧闹与俗丽，强调精湛的手工和优雅的纹饰，是中国瓷器艺术博大精奥的代表。在清宫彩瓷的价格如今已经有些高不可攀的行情下，相信格调素雅古朴而不失精致的青花瓷，很可能引来新一轮的热潮。

瓷器的发明是我们中华民族对世界物质文明的一大贡献。在长期的生产实践过程中，勤劳智慧的古代劳动人民创造了绚丽多姿的瓷器品种，令人喜爱的青花瓷器便是其中的一种。

知识徜徉

越王勾践剑

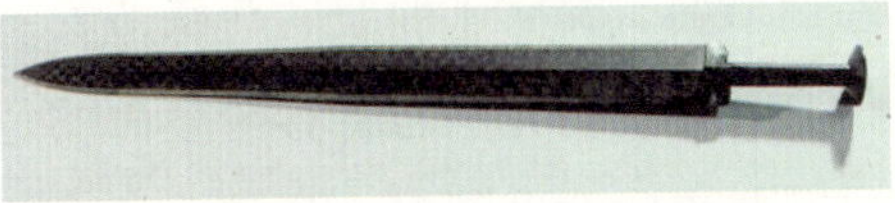

越王勾践剑，属青铜剑，制作精美。剑长55.7厘米，柄长8.4厘米，剑宽4.6厘米，剑首外翻卷成圆箍形，内铸有间隔只有0.2毫米的11道同心圆，剑身上布满了规则的黑色菱形暗格花纹，剑格正面镶有蓝色玻璃，背面镶有绿松石。

剑身修长，有中脊，两从刃锋利，前锋曲弧内凹。茎上两道凸箍，圆首饰同心圆纹。

公元前494年，吴国和越国的军队进行了一场生死搏杀，越军大败。在献上了绝世美

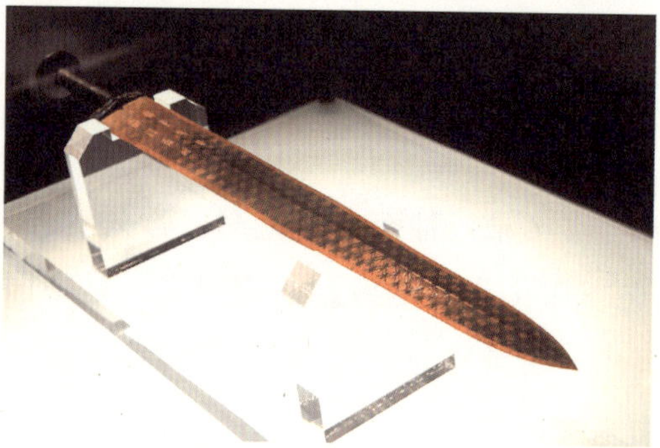

女西施后，越国的国王勾践成了吴王夫差的马夫。卧薪尝胆、忍辱负重二十年后，勾践回到越国，他任用贤臣，发展生产，东山再起。用了9年时间灭掉了吴国，并成为春秋时期最后一名霸王。“鸠浅”就是这位卧薪尝胆的越王勾践的名字，而这把剑就是这位春秋霸主的王者之剑。

1965年12月，考古工作者在湖北江陵一座楚国的墓葬中，出土了600多件器物，其中就有这柄铜剑。

越王勾践宝剑出土在湖北江陵楚国贵族墓，主要有两种意见：一种意见是嫁妆说，勾践曾把女儿嫁给楚昭王为姬，因此，这柄宝剑很可能作为嫁女时的礼品到了楚国，后来，楚王又把它赐给了某一个贵族，于是成了这位楚国贵族的随葬品。另一种意见是战利品，即公元前309年至前306年，楚国出兵越国时楚军缴获了此剑，带回了楚国，最终成了随葬品。

经典文物

米洛斯的阿芙洛蒂忒

《米洛斯的阿芙洛蒂忒》俗称《米洛斯的维纳斯》《断臂的维纳斯》《维纳斯像》等，大理石雕像，高204厘米，由阿历山德罗斯雕刻。作者不追求纤巧细腻，而是以浑厚朴实的艺术手法处理，体现了人体的青春、美和内心所蕴含的美德。女神的形象表现出古典希腊女性的典型特征：椭圆的脸，笔直的鼻梁，丰满的前额，稍翘的嘴角，润滑的下巴。神情端庄、娴静、凝重，体型修长，左腿微曲，显露了曲线的起伏节奏。她丰满而圣洁，柔媚而单纯，优雅而高贵，充溢着青春与生命的意趣，这是灵与肉的完美统一，是爱与美的和谐圆融，是神与人的自然合一，构成了人体美的宇宙，是人类追求女性美的理想化标志。法国雕塑大师罗丹赞叹说：“这简直是真的肌肉，抚摸她可以感到体温的！”

近一百多年来，很少有人知道维纳斯雕像断臂之前的形象。有人曾在旧档案中发现了杜蒙·居维尔的回忆录，它记述了居维尔是最初在伊奥尔科斯家看到的完整雕像：维纳斯右臂下垂手扶衣衿，左臂上伸过头，握着一只苹果，双耳还悬有耳环。然而至今无人能将此雕像复原。

含英咀华

作为西方美学史上的代表，维纳斯给人类盖上的是一缕神秘的面纱，雕像整体给人高贵端庄的感觉，其丰满的胸脯、浑圆的双肩、柔韧的腰肢，呈现一种时代成熟的女性美。人体的结构和动态富于变化却又含蓄微妙，体现出了充实的内在生命力和人的精神智慧，那残缺的双臂，却又留给我们无限想象的空间，一种无言的独特之美——残缺美。

在风格上接近公元前4世纪古典主义盛期的作品，为希腊文化时期所少见。此雕像残缺的上肢是一个永恒的谜，有人曾经尝试去复原她的双臂：左手持苹果、搁在台座上，右手挽住下滑的腰布；亦或，右手捧鸽子，左手持苹果，放在台座上让它啄食；右手抓住将要滑落的腰布，左手握着一束头发，正待入浴…… 但是，每一种方案出现，就便会有一种反驳的道理。而其结果，那就是保持断臂，从某种意义上反而视为一种最完美的表现！用中国的一句成语画蛇添足形容，也再恰当不过。真正的美或许并不是完美，而是带有缺憾的美，给人以想象的空间，增加艺术作品的欣赏性。某一天，当一个作品不再有吸引我们的地方，没有了想象的空间和柔美，那么它之于人类艺术的存在价值又该在哪里，难道仅仅只是为了给我们留下一个念想？

而从感官意识上来讲，女性的柔美，是维纳斯给人最原始的感觉，当代审美意识的一种，柔美给人永远的是一种温润。当第一眼望去，断臂维纳斯给人的表情是落落大方，宁静而脱俗的，脸上露出一丝淡得几乎让人察觉不到的微笑，让我们从她的笑容中感受到一种超凡脱俗的美。正是这种超然的神态控制了赤裸的身体可能带来的纯肉体的感官视觉上的愉悦，将人的心灵世界提高到了一个新的审美理想的境界。正如米开朗基罗的《大卫》，纯肉体永远不是他所想要表达的最终，冲破黑暗时代的桎梏，那才是最终的目的。

从感观形体上去分析，断臂的维纳斯其实同样存在着一种人们不尽所知的美——黄金分割律。她的体型完全符合那个时代希腊人关于美的理想与规范，身长比例接近利西普斯所追求的人体美标准（身与头的比例为8∶1）。8为3加5的和，这就可以分割成1∶3∶5，这就是“黄金分割律”，随时代的发展，逐渐又成为后代艺术家创造人体美的一种准则。

或许，有人会不禁而问，什么是“美”，我想没有人能够真正回答这个问题，也没有哪个美学家敢说他知道什么才是真正的美。从某种意义上来讲，“美”是一个笼统抽象的概念，喜欢它，爱它，我们就会认为它美，即使它并不为爱美的人所接纳。

或许，当有一天我们面对无限苍凉的戈壁时，我们并不是在想象戈壁的雄伟与苍凉之后，才被打动，才觉得其壮美无边。我们总是直接接触到这种美，直接被打动，才生发出感慨。爱与美的女神维纳斯，当她以断臂的姿态出现在我们面前时，我们何曾有过这样的想象，一个作品竟会以一种残缺的姿态出现在世人前面（即使她也有过完整）。而不是通过想象，才领受到这个残缺之美。通过想象得到的残缺美，那也许就是残缺的残缺吧！最终谁也不知道那到底是什么。“情人眼里出西施”，每个人的审美想象都是不同的，我们可以把“东施”想象成“西施”，但那是个体的感觉，不能用来解释大多数人领悟到的美。残缺的美，正如断臂的维纳斯，“一千个人，一千个哈姆雷特”。

涵盖了整个古代希腊文化的女性美，使得维纳斯作为爱与美的象征代表，作为一种特殊的图式符号，在西方美术史中随处可见，或描写她从海里降生，或描绘她与情人们的缠绵爱情，或描写她浴后如出水芙蓉般的清纯，人类对于维纳斯的爱慕甚至可以追溯到两万年前的史前时期。早期的艺术家雕刻了大量的女性人体，用来刻画人体美，而对于男性人体却不那么感兴趣。发现于奥地利的《维伦道夫的维纳斯》，它是迄今为止人类最古老的女性裸体雕像，被称为“原始的维纳斯”。可见，追求美感，从史前就已经开始，直至今天，才得到真正的改变和完善。

知识徜徉

掷铁饼者

《掷铁饼者》，大理石雕复制品，高约152厘米，罗马国立博物馆、梵蒂冈博物馆、特尔梅博物馆均有收藏，原作为青铜，希腊雕刻家米隆作于约公元前450年。这个作品是古希腊雕塑艺术的里程碑，显示出希腊雕刻艺术已经完全成熟。雕塑刻画的是一名强健的男子在掷铁饼过程中最具有表现力的瞬间，赞美了人体的美和运动所饱含的生命力，体现了古希腊的艺术家们不仅在艺术技巧上，同时也在艺术思想和表现力上有了一个质的飞跃。这尊雕像被认为是“空间中凝固的永恒”，直到今天仍然是代表体育运动的最佳标志。

《掷铁饼者》取材于希腊的现实生活中的体育竞技活动，刻画的是一名强健的男子在掷铁饼过程中最具有表现力的瞬间。雕塑选择的铁饼摆回到最高点、即将抛出的一刹那，

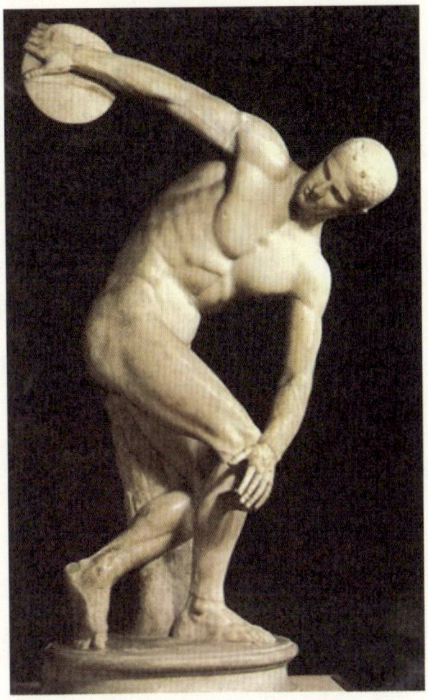

有着强烈的“引而不发”的吸引力。虽然是一件静止的雕塑，但艺术家把握住了从一种状态转换到另一种状态的关键环节，达到了使观众心理上获得“运动感”的效果，成为后世艺术创作的典范。

掷铁饼者雕像，被公认为体育运动和健美体魄的象征，这是雕刻家从实际生活中观察得来的真实形象，有可能是表彰一位运动健将或竞技得奖者。雕刻家集中注意表现出在精神上与肉体上都是坚强有力的美的人物。雕刻家以敏锐的观察抓住了掷铁饼者最用力的一瞬间动作，这是一个典型的瞬间。尽管在形体上是紧张的，可是整个雕像却给人以沉着平稳的感觉。大家可以来看一下这位运动员的动态，这位年轻的运动员有弹性似的弯着腰，同时用脚安稳地站在地上，把拿着铁饼的手伸向后方。而只要一瞬间，他那像弹簧似的形体就会立即伸直，而铁饼将从他手中飞向远方。这座雕像的构图，把复杂矛盾的动作归结成为数不多的鲜明生动的富有说服力的姿态，这些姿态给予人以一种集中、全神贯注的感觉，尤见作者匠心的是，他出色地概括了掷铁饼这一运动的整个连续过程，表现了一种和谐理想的动态美。掷铁饼者张开的双臂像拉满的弓，使人产生一种发射的联想。张开的双肩和扁担似的手臂很对称，这里可以看出古典时期的雕刻喜欢用正面律。同时掷铁饼者两只手臂的线条和他拖在后边的左大腿的线条联合形成了一个半圆形，其轮廓如同一只拉开的弓，腿和手臂连成一个图案，身体各部分的结构也体现一种肯定和稳固性。紧贴地面的右腿如同一个轴心，使曲折的身体保持稳定。他的大腿和躯干在上边形成了两个彼此相等的对角线。铁饼和人头的两个圆形，左右呼应，雕刻家在一个固定的姿态的空间上表现着时间性，整个艺术形象健美而动人。

【参考文献】

[1] 田昊．论《卧虎藏龙》叙事创意中的中国文化意识．南京艺术学院学报（音乐与表演），2015，2.

[2] 伍荣华．论《卧虎藏龙》的女性主义视角．大众文艺（理论），2009，3.

[3] 张靓蓓．十年一觉电影梦．北京：中信出版社，2013.

[4] 戴国斌．文艺生产的武侠人格．//中国的立场　现代化与社会主义：上海市社会

科学界第七届学术年会文集（2009年度）青年学者文集，2009.

［5］孟庆雷．游走于原始冲动和个体道义之间——《史记·游侠列传》建构的侠文化观念．//第六届河北省社会科学学术年会论文专辑，2011.

［6］曹亦冰．论中国武侠小说从古至今的演变．明清小说研究，2003，1.

［7］徐岱．论金庸小说的艺术价值．文艺理论研究，1998，4.

［8］美国电影研究会．一生要看的500电影．北京：现代出版社，2013.

［9］吉姆·派珀．看电影的门道．北京：世界图书出版公司，2013.

［10］宋姿莹．《清明上河图》研究：以宋、明、清三本比较为视野．华东师范大学，2013.

［11］赵广超．笔记《清明上河图》．北京：三联书店，2005.

［12］张显运．近二十年《清明上河图》研究述评．史学月刊，2008，11.

［13］夏冰．中国古典绘画形神论．山东大学，2009，5.

［14］刘曼丽，安娜．情感·造型·色彩——由《星月夜》解读梵高．漳州师范学院学报（哲学社会科学版），2009，3.

［15］杜鹏，罗欣．用色彩表现心灵的艺术大师——梵高美术作品《星月夜》美学寻迹．美术教育研究，2015，3.

［16］曹建文．论景德镇青花瓷艺术传承与创新的关系．南京艺术学院学报（美术与设计版），2007，10.

［17］苗长兴．春秋名剑——吴王夫差剑与越王勾践剑．金属世界，1994，8.

［18］钱初熹．断臂的维纳斯．上海：上海人民美术出版社，2008.

［19］莎士比亚．假如维纳斯不断臂．太原：北岳文艺出版社，2010.

［20］（奥）马索克．穿裘皮的维纳斯．康明华，译．西安：陕西师范大学出版社，2008.

［21］海蓝，等．图说西方雕塑艺术．上海：上海三联书店，2009.

［22］张军．重压·抉择·释义——评《国家的客人》、《掷铁饼者》和《捡橡果的孩子》．名作欣赏，2009，8.